Strategien der Leistungsernährung für Sportler

Ein Handbuch unter Einbezug der Stoffwechseltypisierung

akademos

Herausgeber
Dipl. troph. Jan Prinzhausen
Lutherstr. 105
07743 Jena

Bibliographische Information Der Deutschen Bibliothek
Die Deutsche Bibliothek verzeichnet diese Publikation in der Deutschen Nationalbibliografie; detaillierte bibliografische Daten sind im Internet über http://dnb.ddb.de abrufbar.

Wichtiger Hinweis
In diesem Buch sind die Stichwörter, die zugleich eingetragene Warenzeichen darstellen, als solche nicht besonders kenntlich gemacht. Es kann demnach aus der Bezeichnung der Ware mit dem für diese eingetragenen Warenzeichen nicht geschlossen werden, dass die Bezeichnung ein freier Warenname ist.

ISBN 3-934410-44-8

Lektorat
Dr. med. Elke Ruchalla

Gestaltung
b**b** gestaltung, Berlin

1. Auflage 2003

Strategien der Leistungsernährung für Sportler

Ein Handbuch unter Einbezug der Stoffwechseltypisierung

akademos

Inhalt

Vorwort

Der Ernährungswissenschaftler charakterisiert sich durch konservatives Auftreten und den Verweis auf wissenschaftliche Bestätigungen, welche Form der Ernährung zur Gesunderhaltung nötig sei. Als Vermittler zwischen den Möglichkeiten der Ernährung und der Verantwortung gegenüber der Gesellschaft ist das Handeln innerhalb festgesetzter Standards unumgänglich. Allein die wissenschaftliche Bestätigung sollte entscheidend sein, welche Aussagen über die »richtige« Ernährung geltend gemacht werden können und welche nicht. In der Praxis zeigt sich jedoch, dass Theorie und Anwendung nicht identisch sind. In der Leistungsernährung werden erfolgreich Strategien genutzt, die von der Ernährungswissenschaft mit dem Hinweis auf mögliche Risiken abgelehnt werden. Warum finden diese Strategien trotzdem Anwender, und warum wirken sie leistungsfördernd?

Bei intensiver Beschäftigung mit der Thematik der Ernährung muss festgestellt werden, dass im streng wissenschaftlichen Sinne keine bewiesenen Vorgaben für eine gesund erhaltende Ernährung vorliegen – das bedeutet, die Wissensbasis, von der ein klassischer Ernährungswissenschaftler in seinen Überlegungen ausgeht, ist nicht bewiesen. Demnach ist es nicht verwunderlich, dass alternative, esoterische oder Extremkostformen erfolgreich sein können. Richtlinien einer »ausgewogenen« Ernährung, die angeblich aus standardisierter wissenschaftlicher Arbeit abgeleitet wurden, unterliegen ständigen Korrekturen. Die Aufnahme hoher Proteinmengen galt als nierenschädigend. Stärke hatte einen wesentlich niedrigeren glykämischen Index als Zucker. Fett fördert und Kohlenhydrate vermindern den Fettansatz. Kreatin galt als nicht leistungsfördernd (die Überlegungen derzeit gehen dahin, ob ein Eintrag in die Dopingliste erfolgen muss). Cholesterin und Arteriosklerose, Eiweiß und Gicht ...
All diese verfehlten Darstellungen werden trotzdem in Empfehlungen und Richtlinien für eine »optimale« Ernährungsführung fixiert.

Die Gefahr der Ernährungswissenschaft liegt darin, aus subjektiven Ansichten Dogmen zu entwickeln, die im Schleier der traditionellen Informationsweitergabe nicht ausreichend auf ihren wissenschaftlichen Hintergrund untersucht werden. Allgemein kann festgestellt werden, dass die Vermittlung ernährungsphysiologischen Wissens an den Hochschulen Deutschlands ungenügend und veraltet ist. Die ganze Problematik spiegelt sich in der Wertigkeit des Berufsstandes auf dem Arbeitsmarkt wider.

Der Trophologe ist Lückenbüßer, wenn Biochemiker, Lebensmitteltechnologen und Lebensmittelchemiker zu teuer oder nicht verfügbar sind. So führt die Ernährungswissenschaft eher ein belächeltes Dasein.

In diesem Buch werden Strategien der Leistungsernährung erläutert, unabhängig von ihrer wissenschaftlichen Befundung. An gegebenen Stellen sind dennoch Literaturangaben eingefügt, soweit es für den Inhalt und Sinn der Darstellungen notwendig erscheint. Letzten Endes kann – durch das Fehlen wissenschaftlicher Beweise für aktuell als optimal propagierte Ernährungsformen – kein wirklich ernstzunehmender Referenzwert eingefügt werden.

Das Ausschöpfen ernährungstechnischer Strategien kann, trotz des Zeigefingers der Wissenschaft, als weniger gefährlich eingestuft werden als Doping mit kritisch zu bewertenden Substanzen. Dem Athleten bietet sich damit die Möglichkeit, verschiedene Wege der Leistungsbeeinflussung zu testen, ohne gesundheitsschädigende Dopingmittel einplanen zu müssen. Personen, deren Stoffwechsel – gemessen an der Körperzusammensetzung und der Leistung – durch gleiche Eigenschaften gekennzeichnet ist, können einem bestimmten Stoffwechseltyp zugeordnet werden.
Auf die Unterschiede im Stoffwechsel kann mit einer typengerechten Ernährung reagiert werden. Als Beispiel sei hier angeführt, dass einer Gruppe von Radsportlern nicht grundsätzlich die gleiche Ernährung zukommen muss, nur weil alle Personen den gleichen Sport ausüben. In diesem Buch wird deshalb versucht, dargestellte Ernährungsformen den einzelnen Stoffwechseltypen zuzuordnen.

Welche biochemischen Parameter die Zuordnung zu einer Stoffwechselgruppe möglich machen, ist (noch) nicht definiert. Im Moment helfen nur Selbstbeobachtung und das Testen verschiedener Ernährungsprogramme. Zum Teil ist auch das Kombinieren bzw. das Hin- und Herspringen zwischen den verschiedenen Kostformen und Strategien förderlich.

Autor und Verlag weisen ausdrücklich darauf hin, dass sie für etwaige Gesundheitsschäden keine Haftung übernehmen. Die Anwendung der im Buch aufgeführten Ernährungsprogramme erfolgt auf eigene Gefahr.

1 Einleitung

Die Theorie über verschiedene Stoffwechseltypen ist nicht neu. Ansätze solcher Unterteilungen sind bei der Auswertung entsprechender Literatur schon erkennbar. Als Schlagworte sollen hier Begriffe wie »Blutgruppendiäten«, »Ackerbauer-/Farmertyp«, »Jäger-und-Sammler-Typ«, »Mangelerscheinungstyp«, »Stauungstyp«, »Mischtyp« oder bekanntere Einteilungen wie ektomorph, mesomorph und endomorph genannt werden. Da zur Ernährung verschiedener Stoffwechseltypen kaum wissenschaftliche Ergebnisse vorliegen, versteht sich der Inhalt dieses Buches als Erläuterung strategischer Ernährungsformen im Bezug auf mögliche Stoffwechseltypen.

Der klassischen Ernährungslehre nach ist die kohlenhydratreiche, fettreduzierte Mischkost für die langfristige Gesundheit und den Leistungserhalt als obligat einzustufen. Übergewicht, Hypercholesterinämien, Bluthochdruck etc., die als erste Anzeichen ernährungsbedingter Krankheiten gewertet werden, sollen mit einer Ernährungsumstellung hin zur kohlenhydratbetonten Mischkost vermeidbar bzw. zu mildern sein. Die Leistung des Sportlers wird ebenfalls vom Kohlenhydratanteil der täglich aufgenommenen Energie abhängig gemacht. Dabei sollen sowohl Basisernährung, Wettkampfvorbereitung als auch die eigentliche Wettkampfversorgung auf Kohlenhydrate ausgerichtet sein. Bei genauerer Betrachtung stellt sich die Frage, warum eine Einteilung in diese Phasen dann überhaupt notwendig ist. Für den Athleten sind praktisch keine Unterschiede zwischen kohlenhydratbetonter Basis- und Wettkampfernährung erkennbar. Der eigentliche Sinn, die Ernährung entsprechend einer persönlichen Zielsetzung zu planen, geht damit verloren.

Stärke, als zu bevorzugendes Polysaccharid, scheint nach Aussagen der wissenschaftlichen Literatur das Kohlenhydrat zu sein, mit dem bei reichlichem Verzehr und isokalorischer Ernährung (dabei ist die täglich aufgenommene Energiemenge genauso groß wie die verbrauchte Energiemenge) fast jedes Ernährungsproblem zu beseitigen ist. Personen, die stark beleibt sind, müssen ihre Ernährung auf stärkehaltige Lebensmittel ausrichten, um langfristig eine Normalisierung des Körpergewichts zu erreichen. Hingegen wird Stärke in der Schweineproduktion eingesetzt, um die Tiere in möglichst kurzem Zeitraum schlachtreif zu mästen. Mensch und Schwein funktionieren stoffwechselchemisch jedoch ähnlich!

Warum wird das Schwein fett, aber der Mensch nimmt ab? Betrachtet man unsere Bevölkerung und analysiert deren Verzehrgewohnheiten, stellt man fest, dass ein Großteil trotz reichlichem Stärkekonsum und fettreduzierter Kost nicht abnimmt, sondern im Gegenteil zu verstärktem Fettansatz neigt – trotz einer Energieaufnahme, die kleiner ist als für die Alters- bzw. Gewichtsgruppe empfohlen. Andererseits gibt es aber auch Erfolgsmeldungen über Körperfettreduktionen durch eine stärke- bzw. kohlenhydratbetonte Kost.

Ziel dieses Buches ist es, zu zeigen, dass die propagierte Topernährung mit einem Energieanteil von 10–15 % Eiweiß, 55 % Kohlenhydraten und 30 % Fett nicht ubiquitär geeignet scheint. Es ist bekannt, dass es lebensnotwendige Fett- und Aminosäuren gibt, d.h. ohne Fette und Eiweiße kann der Mensch nicht leben. Kohlenhydrate hingegen sind nicht essenziell. Der menschliche Organismus ist in der Lage, benötigte Glucose selbst zu synthetisieren. Es stellt sich die Frage, warum der Anteil essenzieller Nährstoffe zugunsten eines nichtessenziellen Nährstoffes zurückgedrängt werden muss.

Bei der Analyse der Ernährung verschiedener Personen kann festgestellt werden, dass signifikante Abweichungen von einer vollwertigen Mischkost nicht in Erkrankungen und Verlust einer normalen Körperzusammensetzung (Summe der Muskel-, Fett- und anderen Gewebe, Körperwasser) enden. Offensichtlich gibt es verschiedene Stoffwechseltypen, die ernährungstechnisch unterschiedlich bedient werden können.

Dieses Problem ist leicht auf die bisher angewendete Sporternährung übertragbar. Ausgehend vom Standardenergieverhältnis 15 % Eiweiß, 55 % Kohlenhydrate und 30 % Fett werden für die einzelnen Sportarten modifizierte Verhältnisse vorgegeben. So wird dem Kraftsportler empfohlen, seinen täglichen Energiebedarf über 20 % Eiweiß, 35 % Fett und 45 % Kohlenhydrate zu decken. Der Ausdauersportler ist mit 10–15 % Eiweiß, 20–25 % Fett und 55–60 % Kohlenhydraten besser versorgt (Inzwischen sind die Eiweißbedarfswerte des Ausdauersportlers nach oben korrigiert worden).

Unter den Bodybuildern gibt es Sportler, die sich kohlenhydratreicher und fettärmer als Ausdauersportler ernähren und Erfolg in ihrem Sport aufweisen. Im Gegensatz dazu gibt es Kraftsportler, die eine fettreiche

Ernährung mit 20–30 % Eiweiß, 50–70 % Fett und 0–30 % Kohlenhydraten konsumieren und ebenfalls sehr gute Leistungen erbringen. Gesundheitliche Störungen sind dabei nicht nachweisbar. Selbst bei einem Verzehr von 10 Eiern pro Tag stellen erhöhte Cholesterinwerte eher die Ausnahme dar – ein Hinweis, dass die Begrenzung des Nahrungscholesterins keine Ursachenbekämpfung darstellt und mehr oder weniger »sinnlos« ist (s. Kap. 2, »Insulinproblematik«). Der gleiche Kraftsportler, der von der fettreichen Diät zur kohlenhydratreichen Diät wechselt, setzt nun Fett an und verliert seine Plastizität und Kraft. Ähnlich geht es dem kohlenhydratkonsumierenden Sportler, der zur fettreichen Diät übergeht. Würden sich beide Kraftsportler nach den allgemeinen Vorgaben richten, hätte nur der »kohlenhydrattolerante« Athlet die Chance, an Topwettkämpfen teilzunehmen. Es ist sinnvoller, die Ernährung an den Bedarf des Individuums anzupassen, als allen Sportlern einer Sportart eine Ernährungsform zuzuweisen. Zudem stellt sich die Frage, welcher praktische Hintergrund bzw. welche wissenschaftliche Logik zur »Erfindung« modifizierter Makronährstoffverhältnisse entsprechend einer Sportart geführt haben. Es ist nicht zu erwarten, das eine Ernährungsform mit 12–18 % Eiweißenergie im Ausdauersport mit erhöhtem Krafteinsatz besser oder schlechter funktioniert als eine Ernährung mit 12–20 % Eiweißenergie im Kampfsport.

Die Anwendung der hier erläuterten Ernährungsprogramme kann auch unabhängig von dem Wissen über den persönlichen Stoffwechseltyp erfolgen. Einzelne Diätformen und Strategien können, je nach Sportart und Ziel, kurzfristig zur Wettkampfvorbereitung genutzt werden.

1.1 Ernährung nach Stoffwechseltypen

Wie schon dargestellt, ist die kohlenhydratbetonte Mischkost die Ernährungsform, die der Bevölkerung empfohlen wird, d.h. nur eine Ernährungsform für alle gesunden Menschen, unabhängig von individuellen Unterschieden im Stoffwechsel.

Nach der Theorie der Stoffwechseltypisierung setzt sich die Bevölkerung aus Gruppen zusammen, deren Stoffwechsel gruppenintern ähnlich auf definierte Nährstoffkombinationen reagiert und bei denen gleiche Auswirkungen auf die Gesundheit und die Leistungsfähigkeit messbar werden. Jeder dieser Stoffwechselgruppen wird die Ernährungsform zugeordnet, die langfristig Gesundheit, ein Optimalgewicht mit entsprechend gut ausgeprägter Magermasse gewährt.

In Deutschland ist jeder Dritte übergewichtig, in Thüringen sogar jeder zweite Bürger. Es wird erwartet, dass sich die Zahl der 6 Mio. Diabetiker in den nächsten 10–20 Jahren verdoppelt. Von den ca. 275 Mrd. Euro Kosten des Gesundheitssystems wird nur 1 % für prophylaktische Maßnahmen verwendet, d.h. fast die gesamte Summe wird zur Schadensminimierung bei bereits eingetretenen Gesundheitsschäden benötigt. Die Schäden durch falsche Ernährung werden in Deutschland auf jährlich 50 Mrd. Euro geschätzt. Obwohl die durchschnittliche Ernährung zur kohlenhydratbetonten Mischkost tendiert, nehmen ernährungsbedingte Krankheiten zu. Ursache dafür kann sein, dass diese Tendenzen nicht stark genug ausgeprägt sind oder aber dass die zunehmende Vereinheitlichung der Kostform Gesundheitsprobleme bei fälschlich umgestellten Stoffwechseltypen verstärkt.

Wenn also verschiedene Stoffwechseltypen in der Bevölkerung existieren, sind diese auch innerhalb einer Sportart zu erwarten. So hat es wenig Sinn, allen Sportlern einer Sportart die gleiche Ernährung zukommen zu lassen. Selbst Trainer können bei ihren Sportlern trotz strenger Einhaltung der Ernährungsvorgaben unterschiedliche Reaktionen im Muskel- und Fettansatz beobachten.

Für die Leistungs- und Sporternährung ist die Stoffwechseltypisierung entscheidend in der Basisernährung. In der Wettkampfvorbereitung kann eigentlich jedes Ernährungsprogramm genutzt werden, das kurzfristig zum gewünschten Erfolg führt, selbst wenn es auf längere Sicht nicht dem Stoffwechseltyp entspricht. Die Wettkampfernährung sollte, soweit sie nicht über längere Zeiträume eingesetzt werden muss, immer kohlenhydratreich und fettreduziert sein. Dies hängt mit der Effizienz der Kohlenhydrate im Energiestoffwechsel zusammen.

In der Tabelle 1.1 werden Stoffwechseltypen benannt und kurz erläutert. Welche Typisierungen tatsächlich möglich sind, ist zum jetzigen Zeitpunkt nicht bekannt.

Tabelle 1.1: Charakterisierung von Stoffwechseltypen

Stoffwechseltyp	Beschreibung
Endomorph (Synonyme: Stauungstyp, Jäger-und-Sammler-Typ, Nomadentyp, Ernährungstyp, pyknischer Typ, Kapha)	• kräftige bis massige Gestalt • kräftiger Knochenbau • langsamer Stoffwechsel und niedriger Grundumsatz • starker und schneller Fett- und Masseaufbau, Gefahr der Fettbildung aus Zucker • starke und schnelle Insulinantwort, langsame Insulinrezeptoren, starke Blutzuckerschwankungen mit Hyper- und Hypoglykämie • wahrscheinlich tolerant gegenüber hohem Eiweiß- und Fettkonsum • wahrscheinlich intolerant gegenüber hohem Kohlenhydratkonsum und der Kombination aus Fetten und stark glykämischen Zuckern; Gewichtsreduktion problematisch • Gruppe mit den meisten Übergewichtigen, oftmals Hyperinsulinämie und Glucoseintoleranz als erste Zeichen eintretender Schädigungen messbar
Mesomorph (Synonyme: Mischtyp, athletischer Typ, Bewegungstyp, Pitta)	• Übergang vom ekto- zum endomorphen Typ • athletische Gestalt • eventuell Fettansatz an Bauch und Hüfte • gutes Muskelbildungsvermögen bei niedrigem Fettansatz
Ektomorph (Synonyme: Mangeltyp, Farmertyp, Empfindungstyp, leptosomer Typ, Vata)	• hagere, teilweise sehnige Gestalt • kaum Fettgewebe • schneller Stoffwechsel und hoher Grundumsatz • schwache Insulinantwort, geringe Blutzuckerschwankungen • kohlenhydrattolerant • Muskel- und Masseaufbau schwierig

Mit ekto-, meso- und endomorph ist die zurzeit günstigste Variante einer Stoffwechseltypisierung getroffen. Andere Typen stellen offensichtlich keinen eigenen bzw. keine weiteren Kategorien dar und können zugeordnet werden.

Die einfachste Darstellung einer Stoffwechseltypisierung ist die der kohlenhydrattoleranten und der kohlenhydratintoleranten Gruppe.
Die Kohlenhydratintoleranz macht sich häufig über starken Fettansatz, Übergewicht und daraus resultierende Erkrankungen bemerkbar. Der Stoffwechsel dieser Gruppe hat sich im Laufe der Evolution noch nicht an den hohen Kohlenhydratkonsum angepasst (»Personen, die selbst von Luft dick werden«). Eine fett- und eiweißreiche Ernährung (»Steinzeiternährung«) soll diesem Problem vorbeugen. Fett- und eiweißreiche Kostformen sind nicht nur Theorie. Betrachtet man die Ernährungsweise bestimmter Urvölker (z.B. Inuit, Massai, Aborigines), stellt man fest, dass ein Großteil des Energie- und Nährstoffbedarfes über Eiweiße und/oder Fette gedeckt werden und ernährungsbedingte »Wohlstandserkrankungen« weitestgehend unbekannt sind.

Die Gruppe der kohlenhydrattoleranten Personen entwickelt unabhängig von der Höhe der Kohlenhydrataufnahme selten Übergewicht. Die biochemische Umstellung auf heutige kohlenhydratbetonte Kostformen ist abgeschlossen, und selbst Schäden durch niedermolekulare Zucker sind kaum zu erwarten (»Personen, die essen, was sie wollen und nicht zunehmen«).

Übertragen auf Meso-, Ekto- und Endomorphismus sollte der Kohlenhydratkonsum vom ektomorphen über den mesomorphen hin zum endomorphen Typ reduziert werden. Das Energiedefizit wird dann bis zu einer bestimmten Grenze mit Eiweiß- und Fettenergie ersetzt. Wichtig ist hier die Untersuchung, ob die Ursache eines Übergewichts nicht ausschließlich in hyperkalorischer Ernährung begründet liegt. Der Test mit einer hypokalorischen kohlenhydratbetonten Kost kann helfen, erste Hinweise zu liefern (Abb. 1.1, 1.2).

Abbildung 1.1: Zuordnung von Stoffwechseltypen und Kostformen.

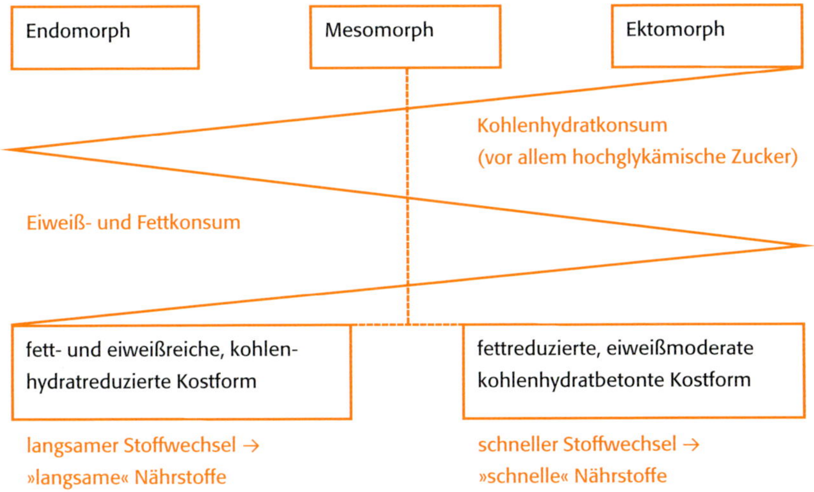

Problematisch wird die Unterteilung innerhalb einer Sportart, wenn alle Athleten das gleiche Erscheinungsbild haben. Jedoch können der Körperfettgehalt, der Fettansatz in trainingsarmen Zeiten sowie die Fähigkeit des Körpers, Gewicht auf- und abzubauen, erste Hinweise auf eine Zuordnung geben.

Sportler, die nach anfänglichen Hungerastsymptomen (Hungerast: plötzlicher Leistungseinbruch durch Glykogenverbrauch und sinkenden Blutzuckerspiegel) ohne weitere Probleme die Leistung aufrechterhalten, könnten eine schnelle Umstellung auf den ketogenen Stoffwechsel ertragen. Damit wäre ein erster Hinweis auf eine Toleranz gegenüber Ketosen (und einer kohlenhydratarmen Ernährung) gegeben.

Im Allgemeinen werden im Ausdauer- und Ausdauerkraftsport eher ekto-mesomorphe Typen zu finden sein. Im Kraftsport sind durchschnittlich mehr endomorphe Typen zu treffen. Inhomogen sind Sportarten mit Gewichtsklassen (z.B. Kampfsport). Hier sind alle Stoffwechseltypen vertreten.

Abbildung 1.2: Vergleich klassischer und stoffwechseltypengerechter Sporternährung.

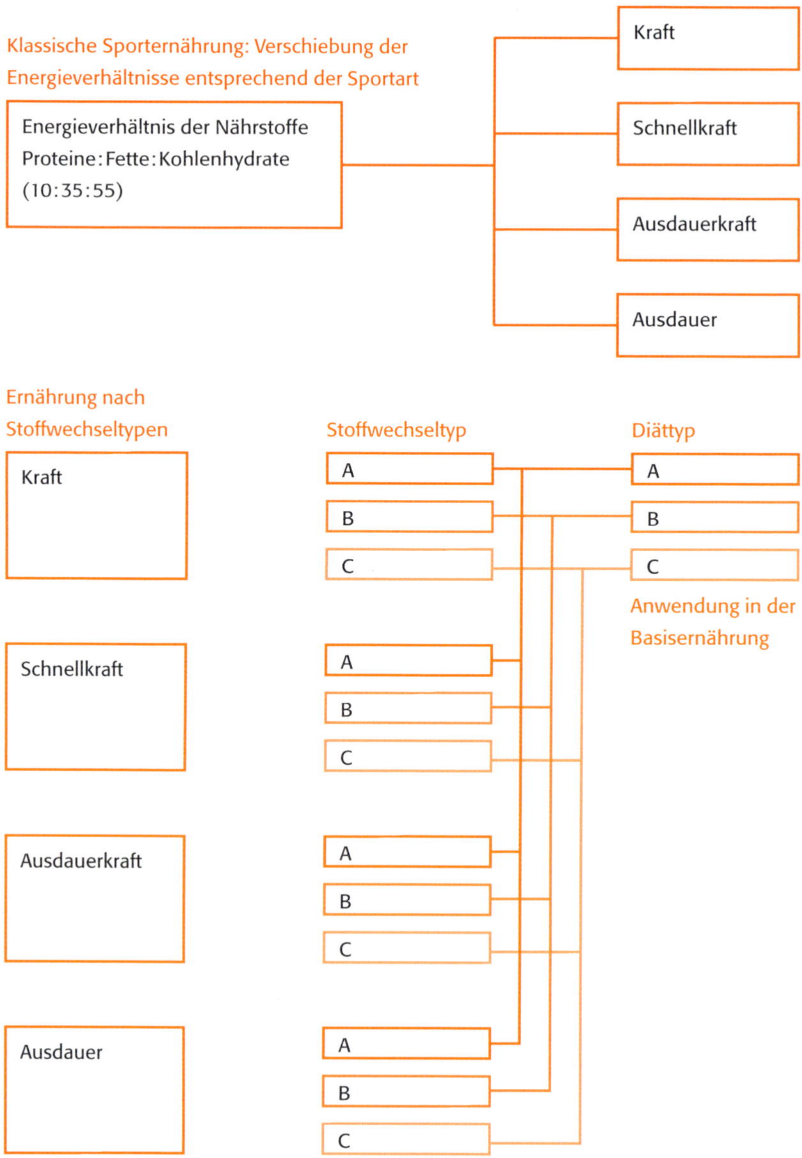

Neu zu bewerten wäre im Sinne einer Stoffwechseltypisierung auch der BMI (Body Mass Index) zur Darstellung von Über- bzw. Untergewicht. Endomorphe Typen mit kräftigem Muskelansatz und entsprechender Knochenausprägung sind bei einem BMI von 30 im Fettansatz nicht vergleichbar mit einem ektomesomorphen Typ. Mit einem Körperfettanteil von z.B. 20 %, der bei einer mesomorphen männlichen Person einen BMI von 24 bedingt, liegt eine Person mit endomorpher Stoffwechsellage schon bei 26 und auch höher. Gesundheitliche Beeinträchtigungen aufgrund eines erhöhten BMI wären über diese Bewertung nicht ableitbar.

1.2 Kritik an der Stoffwechseltypisierung

Würde es Übergewichtigkeit und ernährungsbedingte Krankheiten geben, wenn sich die Allgemeinheit isokalorisch ernähren und dabei der Energieanteil der Fette 35 %, der der Kohlenhydrate 55 % und der des Proteins 10 % betragen würde? In diesem Fall wäre eine Stoffwechseltypisierung nicht notwendig, da der Lösungsweg bekannt und der Erfolg statistisch gesichert wäre. Dieser Fall würde gleichzeitig zeigen, dass das oben angegebene Verhältnis das einzig richtige wäre bzw. andere, stark abweichende Energieverhältnisse nur zu Leistungsminderung und langfristigen Gesundheitsstörungen führen würden. Verschiebt man jedoch bewusst den Anteil der Makronährstoffe, stellt man fest, dass trotz isokalorischer Ernährung unterschiedliche Effekte im Bezug auf Gesundheit, Körperzusammensetzung und Leistungsbereitschaft eintreten. Diese Effekte sind dann nicht – wie bisher angenommen – ausschließlich negativ zu bewerten.

Betrachtet man einen Sportler, dessen tägliche Bruttoenergieaufnahme 2500 kcal beträgt (isokalorisch). Die Energie verteilt sich auf 15 % Eiweiß, 25 % Fett und 60 % Kohlenhydrate. Der Körperfettanteil beträgt 20 %. Die Ernährung wird so umgestellt, dass die 2500 kcal 30 % Eiweiß-, 20 % Kohlenhydrat- und 50 % Fettenergie entsprechen. Das Gewicht der Person bleibt gleich, der Fettanteil reduziert sich auf 15%. Das heißt, die Person hat parallel zum Fettabbau fettfreie Magermasse aufgebaut. Die Blutfettwerte liegen dabei im physiologischen Bereich. Das veränderte Verhältnis der Makronährstoffe kann demnach selbst bei isokalorischer Bilanzierung die Körperzusammensetzung beeinflussen (Fallbeispiel ohne genauere Angaben).

Wird eine hypokalorische fettreiche Ernährung von den Kritikern einer kohlenhydratbetonten Kost als erfolgreich für den Fettabbau definiert, wehrt sich die konservative Seite mit der Begründung, dass die energiereduzierte Ernährung – fett- oder kohlenhydratreich – logischerweise zur Gewichtreduktion führen muss. Die kohlenhydratbetonte Diät sei aber die gesündere Variante. Warum gibt es dann Personen, die bei hypokalorischer kohlenhydratbetonter Diätführung und sportlicher Aktivität nicht abnehmen, wohl aber bei isokalorischer eiweiß- und/oder fettreicher Ernährung?

Eine weitere Kritik an der Stoffwechseltypisierung könnte die Frage sein, ob nicht jedes der in diesem Buch angegebenen Ernährungsprogramme auch bei jeder Person wirkt. Zum Teil wird dies möglich sein, sicher aber nicht grundsätzlich. So können Personen bei sich regulierendem Körpergewicht durch Ketosen trotzdem an Ketoazidosen leiden, bei »High Fat Diets« Hypercholesterinämien entwickeln oder aber auch bei kohlenhydratreicher Ernährung prädiabetische Symptome zeigen.

Kritiken an fett- und eiweißreichen Diäten sind in den meisten Fällen genauso wenig wissenschaftlich gestützt wie eventuelle Vorteile kohlenhydratbetonter Kostformen.

2 Insulinproblematik

Insulin ist ein Peptidhormon, das in den β-Zellen der Langerhans-Inseln des Pankreas (Bauchspeicheldrüse) synthetisiert wird. Es ist verantwortlich für den Aminosäure-, Glucose- und Fettsäuretransport in die Zelle. Dabei bindet das Hormon an membramständige Insulinrezeptoren der Fett-, Leber- und Muskelzellen und wird als Insulin-Rezeptor-Komplex in das Zellinnere geschleust. Über die anschließende Aktivierung von Effektorproteinen wird der Transport der Nährstoffe durch die Zellmembran realisiert.

Insulin fördert die Glykogenspeicherung, die Proteinsynthese, aber auch die Fetteinlagerung ins Fettgewebe. Aufgrund dieser körpersubstanz- und speicheraufbauenden Eigenschaften wird es im Bezug auf den Metabolismus als anabol eingestuft.

Parallel zur Nährstoffeinlagerung hemmt das Hormon die Lipolyse des Fettgewebes. Die hormongesteuerte Lipase, ein Enzym, dass Fettsäuren aus dem Fettgewebe freisetzt, sowie Carnitin, für den Transport der Fettsäuren in die Mitochondrien verantwortlich, werden durch Insulin gehemmt. Die Insulinsekretion ist dabei abhängig von den über die Nahrung aufgenommenen Kohlenhydraten. Vor allem Saccharose (Haushaltszucker, z.B. in Süßigkeiten), Maltose (Malzzucker z.B. in Malzbier), Glucose (Traubenzucker) und Amylopektin (pflanzliche Stärke, z.B. in Weißbrot) führen zu erhöhtem Insulinspiegel und gehemmter Fettverbrennung. Werden neben diesen Kohlenhydraten auch Fette über die Nahrung geliefert, kommt es gleichzeitig zur Einlagerung von Fetten in die Fettspeicher. Das Fettgewebe wächst. Kritisch wird dieser Prozess bei kontinuierlich hyperkalorischem Verzehr von Fett und hochglykämischen (stark insulinogenen) Kohlenhydraten.

Kohlenhydrate und Fette sind in diesem Fall eine kritisch zu betrachtende Kombination.

Alle Lebensmittel, bei denen stark insulinogene Kohlenhydrate und Fette kombiniert vorliegen, fördern das Fettgewebewachstum und hemmen die Fettfreisetzung aus den Adipozyten (Fettzellen). Schokolade, Torte, Kuchen, Schokoladenplätzchen, Nuss-Nougat-Creme und verschiedenste Süßigkeiten sollten deshalb kaum oder gar nicht konsumiert werden.

Aus Erfahrungswerten kann gesagt werden, dass einmaliger massiver Schokoladenverzehr weniger bedenklich ist als der langzeitig kontinuierliche Verzehr moderater Mengen.

Ähnlich problematisch ist die Zusammenstellung deftiger »Hausmannskost«. Kartoffeln und Eisbein, Klöße und Gänsebraten etc. bieten dem Körper reichlich Kohlenhydrate für einen ausgeprägten Insulinspiegel, und das sezernierte Insulin sorgt für die Einlagerung der mitgelieferten Fette ins Fettgewebe.

Erfolgt die Bedarfsdeckung der Kohlenhydratenergie hauptsächlich über hochglykämische Zucker, besteht zusätzlich die Gefahr der Konvertierung des Zuckers zu Fett in der Leber und der nachfolgenden Speicherung.
Es kann also festgestellt werden, dass Kohlenhydrate dick machen, weil sie bevorzugt verstoffwechselt und damit energetisch nicht benötigte Nahrungsfette in die Fettzellen transportiert werden. Zum anderen können sie zu Fetten umgebaut und ebenfalls im Fettgewebe gespeichert werden.

Die propagierte Frequenz von täglich fünf bis sechs kleineren, eiweißmoderaten und kohlenhydratbetonten Mahlzeiten führt zu kontinuierlich »hohen« Insulinspiegeln und gehemmter Fettverbrennung. Kohlenhydratreiche Spätmahlzeiten verkürzen die Fettverbrennungsphase der Nacht und fördern eine anabole (körpergewebeaufbauende) Stoffwechsellage.
Im Laufe der Zeit können die Körperfettspeicher trotz fettarmer Ernährung zunehmen bzw. kann eine Gewichtsreduktion erschwert werden.
Die gesamte Problematik wird auch als »Insulinfalle« bezeichnet.

Nach Aussagen verschiedener Ernährungsmediziner ist die Senkung hoher Cholesterinspiegel durch eine Verminderung der Cholesterinaufnahme nur bedingt möglich. Hypercholesterinämien, die nicht in Zusammenhang mit Nahrungscholesterin stehen, müssen folglich endogen bedingt sein. Auch hier gibt es Überlegungen, inwieweit Insulin verantwortlich sein könnte. Theoretisch wird davon ausgegangen, dass Insulin als fettgewebeaufbauende Substanz auch die körpereigene Cholesterinsynthese anregt. Aus diesem Cholesterin werden neue Zellmembranen geschaffen, die dem kontinuierlich (insulinbedingt) anfallenden Nahrungs- und Konvertierungsfett als Lagerkapazität zur Verfügung stehen. Insulin würde demnach neben der Fetteinlagerung gleichzeitig für neue Lagermöglichkeiten im Körper sorgen. Der Lösungsweg wäre nicht die Senkung der Cholesterinaufnahme, sondern die Senkung des Insulinspiegels. Anhand Fallbeispielen und kleinerer Studien konnte bereits gezeigt werden, dass fett- und eiweißreiche Kostformen zur Senkung des Gesamtcholesterins sowie einer Zunahme des HDL-gebundenen (»guten«) Cholesterins führen können.

Die Feststellung, dass Hypercholesterinämien ernährungstechnisch nicht beeinflussbar sind, gilt demnach nur im Rahmen kohlenhydratbetonter Kostformen (Nelson et al. 1995).

3 Strategieplanung im Sport

Wesentliche Faktoren zur Erstellung einer Ernährungsstrategie im Sport sind:

- Stoffwechseltyp
- entsprechende Nährstoffrelationen
- Sportart
- Tagesablauf
- Lebensmittel- und Supplementauswahl

In Abbildung 3.1 sind die einzelnen Größen im Beziehungsgefüge dargestellt. Für den Fall, dass das Herausfinden des individuellen Stoffwechseltyps (Block 1) Schwierigkeiten bereitet, können Tagesplan, Lebensmittel- und Supplementauswahl (Block 2–4) zuerst bearbeitet werden. Selbstbeobachtungen zur Wirkung können dann über das Verschieben der Nährstoffverhältnisse (andere Lebensmittelauswahl/-kombination) zur Ermittlung des Stoffwechseltyps beitragen.

3.1 Block 1: Basisernährung und Stoffwechseltyp

Entsprechend dem individuellen Stoffwechseltyp erfolgt die Auswahl der Nährstoffrelationen für die Ernährung im Basistraining. Die einzelnen Ernährungsprogramme sind im Kapitel 6 »Diätformen und Ernährungsprogramme« dargestellt. Wie schon beschrieben, ist es auch möglich, einzelne Diätprogramme für die Wettkampfvorbereitung oder die Wettkampfernährung zu nutzen.

- Basisernährung: fettreiche Diäten, kohlenhydratreiche Diäten, vollwertige Mischkost, Kohlenhydrat-Fett-Trennkost, eiweißreiche Diäten
- Wettkampfvorbereitung: ketogene Diäten, eiweißreiche Diäten, basische Ernährung, Schaukeldiäten, Superkompensation
- Wettkampf: vollwertige Mischkost, kohlenhydratreiche Diäten

Abbildung 3.1: Sporternährung mit Strategieplanung und Stoffwechseltypisierung.

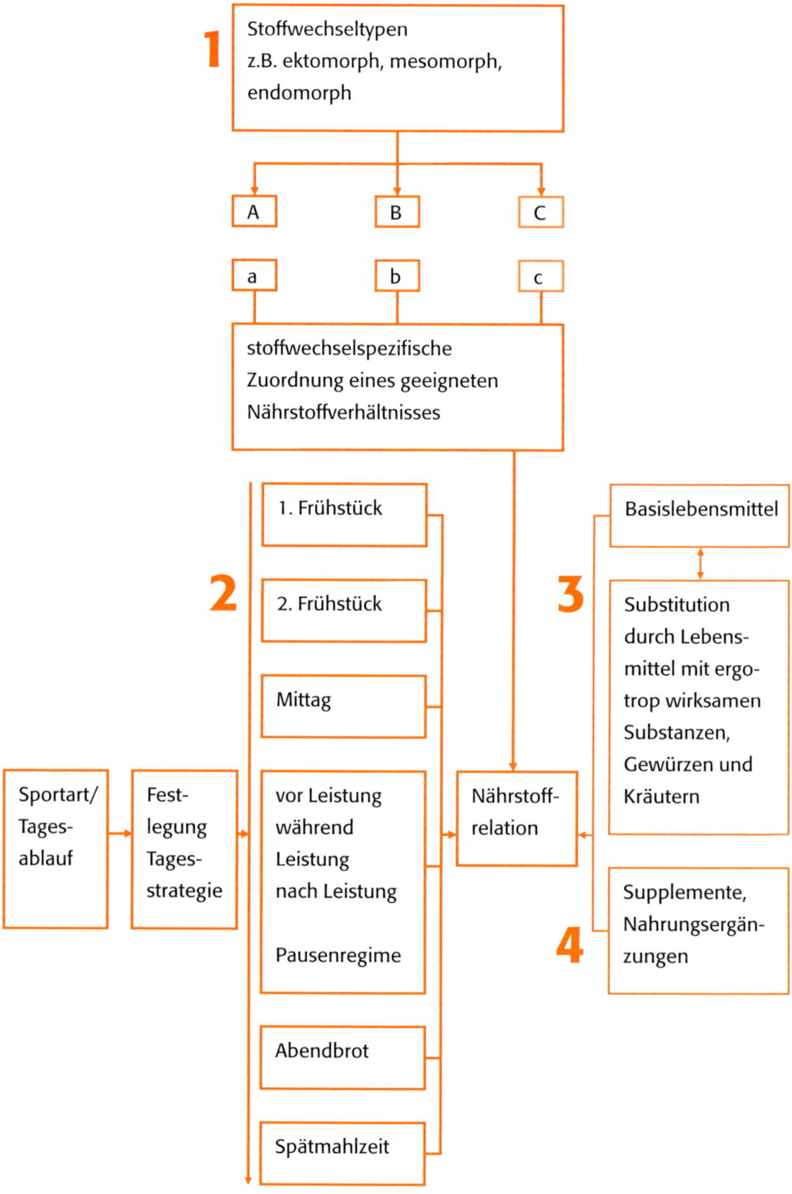

3.2 Block 2: Tagesplanung

Die Planung des Tagesablaufes soll die kontinuierliche und zielgerichtete Ernährung über den Tag gewähren.

Wie können die Mahlzeiten verteilt werden? Welche Lebensmittel und Supplemente sind zu welchem Zeitpunkt sinnvoll? Wann findet welches Training statt?

Günstig ist die Verteilung der Nahrungsaufnahme auf fünf bis sechs kleine Mahlzeiten. Ist dies aus Zeitgründen nicht möglich, muss eine Alternative gefunden werden, die eine möglichst kontinuierliche und strategische Versorgung mit Nährstoffen zulässt.

Der Tagesablauf bzw. auch langfristige Trainingszyklen sind innerhalb der Sportlergruppe gleich. Dadurch ergeben sich bestimmte, für alle Athleten übereinstimmende Merkmale in der Organisation der Ernährung (Mahlzeitenfrequenz, Trainingseinheiten, Kraft-/Ausdauerphase etc.). Die Ernährung des Einzelnen sollte jedoch individuell ausgerichtet werden, nach Leistungszielen und der Reaktion des eigenen Körpers auf die Nährstoffe. Nicht der Athlet richtet sich nach der »optimalen« Ernährung seiner Sportart, sondern die Ernährung muss die Gesundheit und Leistung des Individuums gewähren.

Die letzte große Mahlzeit vor und nach einer Belastung ist entscheidend für die Leistungsfähigkeit.

Im Kraft- und Schnellkraftbereich muss diese Mahlzeit eiweißbetont sein und sollte 2–3 Stunden vor der Belastung eingenommen werden. Das Gleiche gilt für Ausdauersportler, die eine Krafttrainingsphase durchlaufen. 1 Stunde vor der Leistung sorgt eine leichtverdauliche eiweißreiche Zwischenmahlzeit für die Erhöhung glykogener Aminosäuren im Blut. Eventuelle Kohlenhydratsupplemetierung erfolgt 1/2 Stunde bis direkt vor den Leistungsbeginn, möglichst als 6%ige (in der Sporternährung: »isotone«) Lösung in Wasser oder Tee in 150- bis 200-ml-Portionen. Direkt im Anschluss an die körperliche Belastung sollte der Körper mit Eiweiß (und Kohlenhydraten) versorgt werden. Das Bevorzugen von Flüssignahrung erleichtert dabei die Nahrungsaufnahme. Spätestens 60 min nach der Belastung folgt eine eiweißbetonte feste Mahlzeit.

Im Ausdauersport sind die Rahmenbedingungen die gleichen. Allerdings werden die Mahlzeiten kohlenhydratbetont ausgerichtet. Zusätzlich wird eine kohlenhydratreiche Zwischenmahlzeit 2 Stunden nach Leistungsende konsumiert.

Kraftsportler, die zur Steigerung der Ausdauerleistungsfähigkeit eine Ausdauerphase durchlaufen, ernähren sich in diesem Zeitraum kohlenhydratreich. Ausgenommen sind Athleten, die über zusätzlichen Ausdauersport Fettgewebe reduzieren wollen.

Wichtig ist die richtige Ernährung in den Wettkampf- oder Trainingspausen. In Abhängigkeit von der Pausenlänge erfolgt die Lebensmittel-/Supplementauswahl (Tab. 3.1).

Tabelle 3.1: Pausenregime

Pausenlänge	Nährstoffversorgung
5–10 min	Mineralwasser, Elektrolytlösung
15 min	Kohlenhydrate zufügen: Maltodextrin (6%ig), Fruchtsaftschorle, eventuell Banane, Instanthaferflocken, Apfelmus
30 min	leicht verdauliche Eiweißträger hinzufügen: Milchreis, Joghurt, Quark mit Fruchtstücken; Kohlenhydrate aus Müsliriegeln, Fruchtschnitten, Trockenfrüchten und Obst
2–3 Stunden	feste Mahlzeit möglich: Fisch mit Reis, Gulasch mit Nudeln; blähende Lebensmittel sollten gemieden werden (Bohnen, Erbsen, Linsen, Kohl etc.)

Planung des Tagesablaufes:
- vor dem Frühstück: anabole Supplemente, deren Transport in die Zelle insulinabhängig ist
- 2–3 Stunden vor Wettkampf/Training: letzte große Mahlzeit (Ausdauer -> Kohlenhydrate, Kraft -> Proteine)
- 0,5–1 Stunde vor Belastung: leichte Zwischenmahlzeit

- 30 min vor Belastung: Supplementierung (antikatabol)
- Belastungsbeginn: Supplementierung (antikatabol)
- Pausenregime:
  - 5–10 min: Mineralwasser
  - 15 min: Wasser, Mineralstoffe, Vitamine, leichtverdauliche Kohlenhydrate
  - >15–30 min: Wasser, Mineralstoffe, Vitamine, Kohlenhydrate, leichtverdauliches Eiweiß
  - 2–3 Stunden: feste Mahlzeit (Intoleranzen beachten!)
- Belastungsende
  - Zwischenmahlzeit, Supplementierung: anabol, antikatabol
  - 1 Stunde nach Belastung. feste Mahlzeit (Ausdauer -> Kohlenhydrate, Kraft -> Proteine)
  - 2 Stunden nach Belastung: Ausdauer -> Kohlenhydrate

3.3 Block 3: Lebensmittelauswahl

Die Vorauswahl der Basislebensmittel entsprechend des geplanten Energieverhältnisses der Makronährstoffe erleichtert die genaue Planung und Bilanzierung und sichert eine größtmögliche Variabilität in der Bilanzgestaltung.

Lebensmittel, die bioaktive Substanzen enthalten und den Bruttoenergiebedarf nicht beeinflussen, werden oft vernachlässigt (frische Kräuter, Zwiebel, Knoblauch, Ingwer, Gewürze etc.). Wenn es möglich ist, sollten diese Lebensmittel so gewählt werden, dass Substanzen, welche als Nahrungsergänzungsmittel supplementiert werden, schon natürlich enthalten sind (z.B. Phytoöstrogene, Vitamine, Octacosanol etc.).

3.4 Block 4: Supplementauswahl

Die Auswahl geeigneter Nahrungsergänzungsmittel und Supplemente erfolgt entsprechend der Zielsetzung. Supplemente sollten nur den strategischen »Gipfel« einer optimalen Ernährungsplanung darstellen. Nährstoffimbalancen, die leistungsmindernd wirken, langfristig durch Zusätze oder Ergotropika ausgleichen zu wollen, wird die Leistungsentwicklung nicht fördern und eine unnötige finanzielle Belastung darstellen.

3.5 Beispiel Radsport

Einen Beispiel-Tagesplan zeigt Abbildung 3.2.

Abbildung 3.2: Tagesablauf im Training.

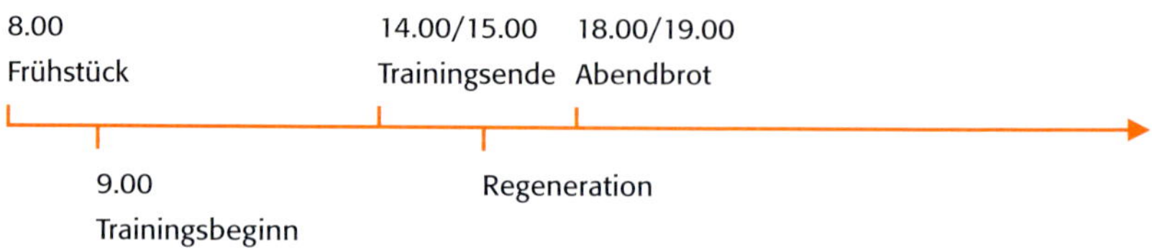

Zum Frühstück und zum Abendbrot müssen große Mengen an Lebensmitteln verzehrt werden, um den Tagesbedarf an Energie und Nährstoffen zu decken.

Eine optimale Verteilung der Nährstoffaufnahme über fünf bis sechs kleinere Mahlzeiten pro Tag scheint bei dem angegebenen Tagesablauf praktisch unmöglich. Ein Mittagessen fällt auf jeden Fall weg. Selbst wenn während des Trainings eine Mittagspause mit Snack eingelegt wird, darf die verzehrte Menge nicht zum Völlegefühl führen. Ist der Magen »überladen«, dürfte die Fortsetzung der Fahrt mit entsprechender Leistung schwierig werden. Eine durchschnittliche Mischkostmahlzeit mit einem Tagesenergieanteil von ca. 25 % benötigt für die Magenpassage 2–3 Stunden. Snacks während der Fahrt sollten also neben einem geringen Volumen auch leicht verdaulich sein. Sportler nutzen zu diesem Zweck Bananen, Müsli- und Schokoriegel sowie kleinere Gebäckstücke, hergestellt aus stark ausgemahlenen Mehlen. Teilweise wird bei weniger intensiven Leistungen ganz auf die Nahrungszufuhr verzichtet.

Die Zeit direkt nach dem Training – mit dem Einsetzen der Regeneration – ist entscheidend für die Erholung der Muskulatur. Jetzt reagiert der Muskel mehr oder weniger stark katabol, je nach dem Vorhandensein benötigter Nährstoffe. Wird auf eine Nährstoffzufuhr direkt im Anschluss an die körperliche Leistung verzichtet, werden die Regeneration der Glykogenspeicher und die Erneuerung von Muskel- und anderen Eiweißstrukturen gehemmt. Ergebnisse sind die Förderung muskelkataboler Stoffwechselprozesse sowie eine verminderte Regenerationsgeschwindigkeit und das verzögerte Wiedererlangen der vollen Leistungsbereitschaft.

Eine geringe Anzahl, dafür sehr reichhaltiger Mahlzeiten kann das Halten eines niedrigen Körpergewichtes erschweren. Da große Mengen an Nährstoffen und Energieträgern verzehrt werden müssen, um den Bedarf eines Radsportlers (6000 kcal und mehr) zu decken, wird der Magen bei zwei großen Mahlzeiten oft überladen. Gerade am Abend führen große Energiemengen zu verstärktem Fettansatz, wenn die individuelle Glykogenregenerationsrate energetisch überschritten wird. Steht dem Körper mehr Energie zur Verfügung, als der Stoffwechsel und die Regeneration von Glykogenspeicher und Muskelstrukturen benötigen, wird diese als Fett im Gewebe abgelagert. Die Zeit zwischen den Mahlzeiten ist dann nicht selten geprägt von Heißhunger, der zu den Mahlzeiten – vor allem bei einer sehr kohlenhydratreichen Ernährung – durch einen Großteil an Mono- und Disacchariden gestillt wird. Gerade die niedermolekularen Zucker (Glucose, Saccharose, Maltose) fördern dann den Fettansatz. Verstärkt wird dieser Effekt zusätzlich, wenn der Eiweißgehalt der Nahrung zu niedrig ist bzw. die Eiweißversorgung nicht kontinuierlich über den Tag erfolgt. An dieser Stelle wird deutlich, dass hochglykämische Kohlenhydrate einerseits die Regeneration fördern, andererseits aber bei kontinuierlich hohem Verzehr die Gefahr eines verstärkten Fettansatzes riskiert wird (Abb. 3.3).

Der Vorteil dieser modifizierten Tagesstrategie liegt in der höheren Mahlzeitenfrequenz und der genauen zeitlichen Fixierung von Nährstoffaufnahme und Supplementierung zur kontinuierlichen Versorgung mit Nährstoffen und Ergotropika nach physiologischen Aspekten. Die erhöhte Mahlzeitenfrequenz verhindert Hungerlöcher und Heißhunger, unterdrückt starke Insulinschwankungen und wirkt damit dem Bestreben des Körpers zur Fetteinlagerung entgegen. Da Völlegefühle und Blutzuckerschwankungen bei mehreren kleinen Mahlzeiten am Tag kaum auftreten, wird die allgemeine Leistungsbereitschaft verbessert. Konzentrationsschwächen und Müdigkeit wird ebenfalls vorgebeugt.

Abbildung 3.3: Modifizierte Tagesstrategie im Training.

Zeit	Aktion
8.00	Frühstück
8.30	Supplementierung
9.00	Trainingsbeginn
10.00	Snack
11.00	Snack
12.00	Snack
13.00	Dextroselösung
13.30	Dextroselösung
14.00/15.00	Trainingsende Zwischenmahlzeit Supplementierung
16.00	Mahlzeit
19.00	Abendbrot
21.00	Spätmahlzeit

Der Tagesablauf im Wettkampf (Abb. 3.4, 3.5) sieht dem des Trainings ähnlich. Allerdings gibt es gegen 10.00 Uhr ein zweites Frühstück, was den Ernährungsalltag etwas erleichtert. Am Mittag beginnt der Wettkampf und endet gegen 17.00 Uhr. Das Abendbrot findet gegen 19.00 bis 20.00 Uhr statt. Auch hier ist die Mahlzeitenfrequenz im Sinne einer optimalen Sporternährung nicht von Vorteil. Drei, maximal vier Mahlzeiten lassen sich einrichten. Die Probleme, die sich daraus ergeben, sind im Wesentlichen die gleichen wie im Training: ein Wechsel zwischen großen Mahlzeiten und längeren Zeitabschniten ohne Nahrungszufuhr. Diese bedingen blutzuckerabhängige Schwankungen des Insulin- und Glucagonspiegels.

Unterzuckerung und daraus resultierende Hungergefühle enden in Heißhungerattacken und fördern dann wieder die Überversorgung des Körpers mit konzentrierten Energieträgern.

Abbildung 3.4: Tagesablauf im Wettkampf.

Abbildung 3.5: Modifizierte Strategie im Wettkampf.

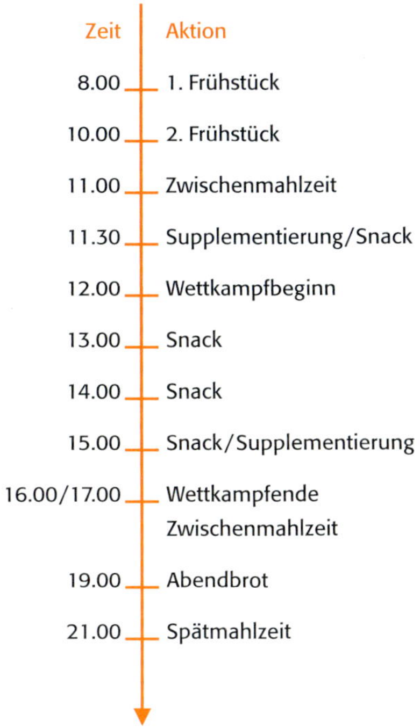

Aus dieser Problematik lässt sich ableiten, wie wichtig die kontinuierliche Versorgung mit Nährstoffen, verteilt über fünf bis sechs kleinere Mahlzeiten, im Wettkampf ist. Auch am Wettkampftag sollte die Mahlzeitenfrequenz erhöht werden. Allerdings steht hier nicht die Körperzusammensetzung im Vordergrund. Wichtig ist die optimale Versorgung mit essenziellen Nährstoffen und Energieträgern zum Erhalt der Leistungsbereitschaft.
Die Glykogenspeicher sollten geschont und schnellstmöglich regeneriert werden. Als Möglichkeit stehen jetzt Mono- und Disaccharide wie Glucose und Maltose zur Verfügung.

Der Tag im Bahnrennen (Abb. 3.6) weicht erheblich vom gewohnten Ablauf ab. Nach dem Frühstück findet ab 9.00 Uhr das Aufwärmen statt. Um 10.00 Uhr ist das erste Rennen und gegen 12:00 das Ausfahren beendet. Gegen 14.00 bis 15.00 Uhr folgt die Qualifikation.

Abbildung 3.6: Tagesablauf bei Bahnrennen.

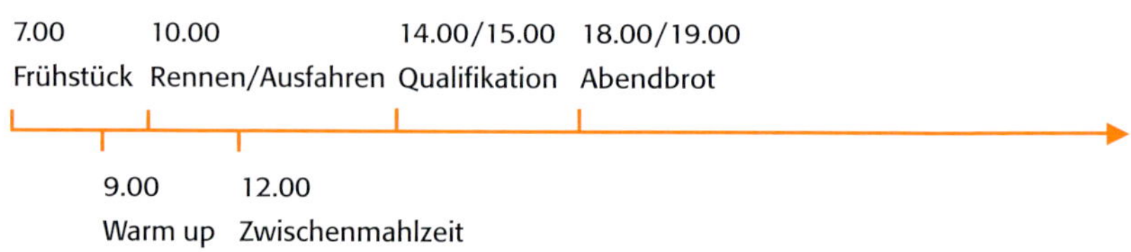

Trainiert wird für diese Radsprints oft auf der Straße, der Wettkampf findet dann jedoch in Form einzelner Rennen auf der Bahn statt. Zwischen den Rennen liegen unterschiedlich lange Pausen. In Abhängigkeit von der Pausenlänge muss auch eine entsprechende Versorgung erfolgen. Wichtig sind bei einem Bahnrennen die veränderte Situation im Bezug auf die gesamte Mahlzeitengestaltung des Tages sowie ein richtiges Pausenregime.

Gerade durch diese Rennen wird die gewohnte Nahrungsaufnahme des Sportlers gestört. Die Belastung ändert sich von kraft-ausdauerorientiert zu schnell-kraftorientiert. Die intensiven kurzen Belastungen und die unregelmäßige Nahrungsaufnahme führen zu Heißhungerattacken und über die Zeit der Bahnrennen zur Veränderung der Körperzusammensetzung. Beschleunigt werden diese Prozesse durch den hohen Kuchenkonsum, durch den der Hunger gestillt wird. Der Vorteil des Kuchens liegt darin, dass enthaltene Stärke und Zucker schnell verdaut, resorbiert und als Energie bereit gestellt werden. Ungünstig zu bewerten ist jedoch, dass Vitamine, Mineralstoffe und vor allem Eiweiß kaum enthalten sind. Nicht umsonst zählt Kuchen zu den »leeren Energieträgern«. Der zusätzliche Kraftaufwand verstärkt den Hunger, die unregelmäßige Nahrungsaufnahme führt zu Heißhunger und Hungerlöchern, der Kuchenverzehr zu erhöhter Fettaufnahme und die verminderte Ausdaueraktivität zu verminderter Fettverbrennung. Die Eiweißaufnahme, die in diesem stark kraftorientierten Zeitraum entscheidend ist, wird teilweise völlig vernachlässigt.

Die anabole Stoffwechsellage des Organismus während der Bahnrennzeit muss sich nicht ausschließlich durch den Zuwachs von Fettgewebe bemerkbar machen. Der verstärkte Krafteinsatz kann bei guter energetischer Versorgung auch das Muskelwachstum fördern. Um jedoch einen verstärkten Fettansatz zu verhindern, ist es auch hier notwendig, die Mahlzeitenfrequenz zu überprüfen. Wenn es zeitlich möglich ist, sollten regelmäßig kleine Mahlzeiten in den Tagesablauf eingeplant werden.

Pausenregime

Da die Zeitabstände zwischen den einzelnen Rennen verschieden lang sind, ist es selten möglich, von vornherein Mahlzeiten einzuplanen.
An dieser Stelle ist es für den Sportler wichtig zu wissen, wie die Pausenversorgung gestaltet werden kann. Das Pausenregime gibt Auskunft darüber, bei welcher Pausenlänge welche Nährstoffe, Lebensmittel und Lebensmittelmengen erforderlich sind, um die Regeneration und den Leistungserhalt zu fördern (Tab. 3.2).

Tabelle 3.2: Pausenregime

Pausenlänge	Benötigte Nährstoffe	Beispiel
5 min	Wasser, Mineralstoffe	Mineralwasser, isotonische Mineralstofflösungen, Tee
15 min	Wasser, Mineralstoffe, Vitamine, leicht verdauliche Kohlenhydrate (Snackniveau)	Fruchtsaftschorle, Eistee, Müsliriegel, Obst, isotonische Kohlenhydratlösungen (Maltodextrin, MD)
>15 min (30–60 min)	Wasser, Mineralstoffe, Vitamine, leicht verdauliche Kohlenhydrate und Eiweiße (Zwischenmahlzeitniveau)	fettarmer Joghurt, Quark mit Obststücken, Haferflockenmüsli mit Joghurt und Milch, Buttermilch
2–3 Stunden	vollständige Mahlzeit, Betonung auf Kohlenhydraten und hochwertigen Eiweißen	Fisch, Kartoffeln, Nudeln, Reis, Gemüse, Geflügelfleisch, Keimlinge, Quark-/Obstdessert, Kaltschalen

Supplemente und Nahrungsergänzungen

Radsport (vor allem Straßenrennen) sind von kraft-ausdauerorientierter Belastungsnatur. Dabei ist der Anteil der Kraft höher einzustufen als bisher von den Athleten eingeschätzt. Damit einhergehend steigt der Eiweißbedarf des Radsportlers und erreicht zum Teil die Bedarfswerte für reinen Kraftsport. »Geeignete« Supplemente und Nahrungsergänzungsmittel (NEM) sind demnach im Ausdauersport und/oder im Kraftsport eingesetzte Präparate. Bei der Nutzung solcher Supplemente sei darauf hingewiesen, dass sich der Einsatz nur als Ergänzung zu einer optimalen Ernährung lohnt und Störungen oder Nebenwirkungen auslösen kann. Üblicherweise verwendete NEM sind Aminosäurenkomplexe (flüssig), Eiweißpulver, BCAA (branched chain amino acids, verzweigtkettige Aminosäuren), L-Carnitin, Kreatin, Vitamin- und Mineralstoffkomplexe. Nicht alle dieser Mittel sind jedoch im Radsport sinnvoll. Die nachfolgende Übersicht soll verschiedene Möglichkeiten der Supplementauswahl darstellen (Tab. 3.3).

Tabelle 3.3: Supplemente für den Ausdauer- und Ausdauerkraftsport (Diese Übersicht erhebt keinen Anspruch auf Vollständigkeit.)

Supplement	Einsatzgebiet und Zweck
HMB (β-Hydroxy-β-methylbutyrat)	Fettreduktion, Muskelaufbau, gesteigerte Sauerstoffaufnahme, verminderte Lactatbildung
GABA (γ-Aminobuttersäure)	verbesserter Schlaf in kurzen Nächten
Johanniskraut	entspannend, beruhigend
Phosphatidylserin	verminderter Muskelkater, verbesserte Regeneration, Stresshormonblocker
Matein	Stimulierung des Zentralnervensystems, verbesserte Ausdauerleistungsfähigkeit, stimulierend, Förderung der Fettverbrennung?
Fructose	Süßen von Speisen und Energiebereitstellung ohne Insulinschwankungen
Guggulsteron	hält Schilddrüsenaktivität während Reduktionsdiäten aufrecht, Fettabbau wird gefördert
Pyruvat	wie Guggulsteron, verbesserte Ausdauerleistung
Yohimbin	Fettabbau an Problemzonen (Hüfte, Bauch)
Ginseng	Aktivierung Leberstoffwechsel: verbesserte Glykogenregeneration, verbesserte Durchblutung
Gingko	Verbesserung der Konzentrationsfähigkeit und Durchblutung
Eleutherococcus	Durchblutung, Konzentration, Lernfähigkeit und Regeneration gefördert
Octacosanol	Verbesserung der Energiefreisetzung, Glykogenspeicherung und Sauerstoffversorgung
Glycerin	Schutz vor Wasserverlust durch Schwitzen bei Hitze

4 Strategische Nutzung der Makronährstoffe

Bei der Zuordnung von Ernährungsformen zu bestimmten Stoffwechseltypen steht die Energieverteilung über die Makronährstoffe im Vordergrund. Jedoch sind auch innerhalb der Nährstoffgruppen verschiedene physiologische Effekte zu erwarten, d.h. Kohlenhydrat ist nicht gleich Kohlenhydrat, und Fett ist nicht gleich Fett.

4.1 Eiweiße (Proteine)

Den Aussagen der Ernährungswissenschaft nach sind Eiweißmengen von mehr als 1 g/kg Körpergewicht zur Gesunderhaltung und Leistungskontinuität nicht notwendig. Dennoch können höhere Verzehrmengen von 1,5–2 g/kg Körpergewicht Vorteile bewirken:

- langanhaltende Sättigung bei gleichzeitigem Zurückdrängen von anderen Energieträgern
- langfristige Regulierung des Körperaufbaus (Muskel- und Fettgewebe)
- verminderter kataboler Muskelstoffwechsel bei intensiver Muskelbeanspruchung
- Förderung der Muskelregeneration und muskelanaboler Prozesse
- verminderter Muskelverlust bei Gewichtsreduktionen und Gewichtmachen

Die letzte große Mahlzeit vor und nach einem Krafttraining oder Wettkampf sollte eiweißbetont sein. Diese Regel gilt für jeden Sportler, auch für Ausdauersportler oder Ausdauerkraftsportler, die im Rahmen ihres Trainingsplans Phasen mit verstärktem Krafteinsatz durchlaufen.

Die Bewertung eines Nahrungseiweißes erfolgt über die biologische Wertigkeit. Sie sagt aus, wie viel Gramm Körpereiweiß aus einer definierten Menge Nahrungsprotein gebildet werden können. Je höher die biologische Wertigkeit, desto besser ist die Eiweißqualität für Muskelaufbau und -regeneration. Das ideale Eiweiß für den Sportler gibt es aber nicht. Deshalb ist es notwendig, verschiedene eiweißhaltige Lebensmittel zu kombinieren. Erst so ist es dem Körper möglich, mit wenig Eiweißabfall viele Muskelstrukturen zu synthetisieren. Ein Eiweiß gilt also als hochwer-

tig, wenn es aus möglichst vielen Aminosäuren aufgebaut ist, die zur Bildung der menschlichen Muskulatur notwendig sind, und wenn es leistungsbedingten Aminosäureverlusten vorbeugt oder sie vermindert.
Als wichtigste Ergänzungskombinationen gelten:

- Kartoffel und Ei (Spiegelei mit Folienkartoffel, Bauernfrühstück)
- Getreide mit Ei (Frühstücksei und -brötchen, Eibrot)
- Getreide mit Hülsenfrüchten (Reis mit Erbsen [zum Fisch])
- Getreide mit Milch (Cornflakes mit Milch, Müsli mit Milch)
- Kombination von pflanzlichen (Kartoffel, Getreide, Erbsen, Bohnen, Linsen) und tierischen Eiweißen (Ei, Milch, Käse, Fleisch) derart, dass der tägliche Eiweißbedarf zu ca. 40–50% über pflanzliche und 50–60% über tierische Proteine gedeckt wird
- Kombination von Fleisch (50%), pflanzlichen Proteinen (35%), Eiern und Milchprodukten (15%)

Bei intensiver Muskelbeanspruchung werden die Aminosäuren Glutamin, Asparagin, Leucin, Isoleucin und Valin aus dem Muskel freigesetzt, zu Alanin konvertiert und über die Gluconeogenese zu Glucose (Traubenzucker) umgesetzt. Dieser Zucker dient dann der Energiegewinnung. Bis zu 10% der verbrauchten oder benötigten Energie für eine intensive Muskelarbeit können so über muskelkatabole Prozesse bereitgestellt werden (Neumann 2000). Als Gegenmaßnahme können verschiedene Eiweiß- und Aminosäurepräparate, aber auch herkömmliche Lebensmittel gezielt eingesetzt werden.

Kann der Organismus auf freie Aminosäuren im Blut zurückgreifen, wird dem Muskelkatabolismus vorgebeugt, d.h. die Konzentration dieser Aminosäuren im Blut muss vor der Leistung angehoben werden. Geeignete Mittel sind BCAA-Präparate, Glutamin, Laktalbumin (Molkenprotein) und Molke. Beachtet werden sollte dabei die Zeit der Verdauung und Resorption, sodass die benötigten Aminosäuren dem Körper mit Beginn der Leistung zur Verfügung stehen. Bei Blähungen und Durchfall durch Eiweißpulver sollten Lösungen in Wasser stärker verdünnt werden. Die Einnahme 30 min vor dem Training oder Wettkampf ist dann problemlos. Molke sollte mindestens 1 Stunde vor der Leistung konsumiert werden, da die Verdauung und Resorption 1–2 Stunden dauern kann. Vorsicht ist bei Milch geboten. Das enthaltene Caseineiweiß benötigt bis zur Bereitstellung der Aminosäuren 3–4 Stunden. Fehlt diese Zeit, kann es passieren, dass Milch schwer im Magen liegt und eine optimale Leistung verhindert (Boirie 1997).

Direkt nach der körperlichen Belastung ist die Muskulatur offensichtlich am aufnahmefähigsten für Nährstoffe. Die Aktivität des Sympathikus konzentriert jedoch das Blut in der beanspruchten Muskulatur. Aufgenommene feste Mahlzeiten führen dann nicht selten zu Übelkeit und Erbrechen. Umgangen werden kann dieses Problem durch die Verwendung von Flüssignahrung. Trinken können fast alle Sportler nach einer körperlichen Belastung. Alle Eiweißpräparate, die vor dem Training eingesetzt werden, sind prinzipiell auch danach geeignet. Da diese den Körper aber nur kurzfristig mit wichtigen Aminosäuren versorgen, muss auch die langfristige Regeneration gesichert werden. Fettarme Milchprodukte (Milch, Buttermilch, Trinkjoghurt) scheinen gut geeignet. Das BCAA-haltige Laktalbumin steht schnell zur Verfügung und fördert die kurzfristige Reparatur akuter Muskelschäden. Das Glutamin des weniger schnell verdaulichen Caseins steht dann langfristig zur Regeneration und zum Muskelaufbau zur Verfügung. Die biologische Wertigkeit des Caseins ist deutlich niedriger als die des Laktalbumins. Dennoch soll Casein durch die allmähliche und kontinuierliche Freisetzung von Glutamin und anderen Aminosäuren bessere Effekte auf den Muskelanabolismus bewirken als Laktalbumin.

Spätestens 1 Stunde nach dem Wettkampf sollte eine feste Mahlzeit eingenommen werden, bei der die Kombinationswirkung der Eiweiße beachtet werden muss.

Nach diesen Vorgaben sollten auch Eiweißpulver ausgewählt werden. Tierische Proteine (z.B. Laktalbumin [Molkeneiweiß], Casein, Ei) sollten mit pflanzlichen Proteinen (z.B. Soja, Kartoffel) so kombiniert sein, dass alle essenziellen bzw. leistungsrelevanten Aminosäuren möglichst ausgeglichen und konzentriert vorliegen. Hochwertige Präparate sind frei von kollagenen Eiweißen, die nur für das Bindegewebe von Bedeutung sind und durch herkömmliche Lebensmittel ausreichend zur Verfügung stehen. Kollagene Eiweiße mindern die Wertigkeit eines Eiweißpräparates, das zur Muskelbildung und -regeneration Einsatz finden soll.

Weiterhin muss das Präparat in Wasser oder Milch leicht löslich sein, sollte einer bevorzugten Geschmacksrichtung entsprechen und darf keine Verdauungsstörungen verursachen. Gerade Lactose (Milchzucker) führt nicht selten zu Blähungen und Durchfall. Personen mit Lactoseintoleranz sollten auf lactose- und süßmolkefreie Pulver oder Joghurt zurückgreifen. Auch der Preis eines Produktes muss nicht außer Acht gelassen werden.

Hydrolysierte »vorverdaute« Eiweiße müssen vom Körper nicht oder nur noch in geringem Umfang enzymatisch aufgespalten werden. Eiweißspaltende Enzyme fallen dann als limitierender Faktor für eine zu geringe Eiweißresorption bei eiweißreicher Ernährung weg. Nachteilig kann die Entlastung des Verdauungsapparates sein, wenn eiweißstoffwechselbedingte Energieverluste und damit die Fettverbrennung vermindert werden.

Wichtig für die Versorgung bzw. das Einschleusen der Aminosäuren in die Muskulatur ist das Hormon Insulin. Es öffnet die Zellen, sodass Aminosäuren und Glucose aus dem Blut in die Zelle transportiert werden können. Demnach ist es sinnvoll, die Insulinwirkung zu verstärken. Erreicht werden kann dies durch die Nutzung stark insulinogener Nährstoffe. BCAA haben hier den Vorteil, das sie nicht nur wichtig zum Muskelaufbau sind, sondern gleichzeitig die Insulinausschüttung anregen. Weiterhin wirken Glucose (Traubenzucker), Maltose und auch reine Stärke stark insulinogen. Mischungen aus BCAA-reichem Eiweiß und Traubenzucker verbessern die Effekte auf Muskelregeneration und -aufbau. Nach Zawadzki (1992) sind Gemische von ca.100 g Kohlenhydraten und 40 g Protein zur Regeneration nach dem Training effizienter als die reine Kohlenhydratzufuhr.

Werden solche Mischungen (z.B. 60 g Glucose und 30 g Protein) zusätzlich zur isokalorischen Ernährung konsumiert, setzen – bedingt durch den Energieüberschuss und eine positiven Stickstoffbilanz – Weight-Gainer-Effekte ein, d.h. das Körpergewicht steigt durch Massezuwachs an. Bei Ausdauer- und Kraftausdauersportlern muss darauf geachtet werden, dass solche Auswirkungen durch Zurückdrängen des Traubenzuckeranteils bzw. das Einfügen in die isokalorische Ernährung unterbunden werden. Für Kraftsportler und Bodybuilder kann dieser Effekt jedoch als leistungsfördernd eingestuft werden.

Zum Teil wird von möglichen Störungen durch glykanierte Proteine berichtet. Solche zuckerverklebten Eiweiße können Nierenprobleme hervorrufen. Jedoch sollen die Höhe des Zucker-, Eiweiß- und Ballaststoffkonsums keinen Einfluss auf die Glykanierung haben. Zur Vorbeugung ist es wichtig, auf stark hyperkalorische Ernährung zu verzichten, den Alkoholkonsum einzuschränken, den Anteil gesättigter Fettsäuren zu senken und ausreichend Vitamin E und C zu sich zu nehmen.

4.2 Kohlenhydrate

Kohlenhydrate dienen dem Körper hauptsächlich als Energieträger. Wie hoch der Anteil an der Bruttoenergieaufnahme in der Basisernährung sein sollte, richtet sich nach dem Stoffwechseltyp. Am besten eignen sie sich für den Bereich zwischen ektomorphem und mesomorphem Typus.

Die Ernährung während des Wettkampfes sollte immer – egal welcher Stoffwechseltyp – kohlenhydratreich sein. Im Wettkampf geht es nicht darum, die Körperzusammensetzung zu beeinflussen, sondern eine effiziente Energiebereitstellung, Verzögerung des Einsetzens von Ermüdungserscheinungen sowie die Schonung und Regeneration der Körperspeicher zu gewährleisten. Ohne Kohlenhydrate ist dies nicht möglich (Coyle 1995; Lemon et al. 1980). Das vorher genannte Ziel der Beeinflussung der Körperzusammensetzung muss mit der Wettkampfvorbereitung abgeschlossen sein.

Eine praktische Einteilung der Kohlenhydrate für strategische Zwecke richtet sich nicht nach der Kettenlänge (Mono-, Di-, Oligo- und Polysaccharide), sondern nach dem Einfluss auf die Insulinaktivität.

Starke Insulinaktivitäten enden oft in Müdigkeit und Leistungseinbrüchen. Andererseits wird die Muskulatur schnell und intensiv mit Nährstoffen versorgt. Weniger starke Insulinspiegel vermeiden die Ermüdung, verhindern aber auch eine schnelle und intensive Nährstoffversorgung der Muskulatur. Beide Prozesse können vom Sportler strategisch genutzt werden (Tab. 4.1).

Tabelle 4.1: Kohlenhydrate und Wirkungen

Glucose (Traubenzucker), Maltose (Malzzucker), reine Stärke, Saccharose (Haushaltszucker)	Diese Kohlenhydrate bewirken starke Insulinschwankungen. Nach kurzfristigen Leistungshochs innerhalb von 20–40 min kommt es zur Unterzuckerung und Ermüdung. Dauern Wettkämpfe länger als 20 min, sollte vor und während des Wettkampfes auf diese Zuckerarten verzichtet werden. Gut geeignet sind sie für die rasche Regeneration der Glykogenspeicher nach dem Wettkampf oder Training und als Transportmatrix für andere Supplemente (Kreatin, Aminosäuren).
Fructose (Fruchtzucker)	Fructose ist ein Monosaccharid, das durch verzögerte Resorption und allmähliche Umwandlung zu Glucose in der Leber keine extremen Insulin- und Blutzuckerschwankungen verursacht. Sie beugt während des Wettkampfs Ermüdungserscheinungen vor. Verbrauchtes Muskelglykogen wird durch Fructose nicht oder nur kaum regeneriert. Lediglich für die Leberglykogensynthese scheint es vom Körper genutzt zu werden (Ivy 1998). Lösungen sollten nicht mehr als 3,5 % Fructose enthalten, um Magen-Darm-Problemen vorzubeugen.
Maltodextrin (MD)	MD ist der Sportlerzucker schlechthin: Er beugt Ermüdung während des Wettkampfes vor, eignet sich zur Regeneration des Muskelglykogens nach der Leistung und wird in zyklischer Form als Matrix für anabole Substanzen genutzt (z.B. Prohormone). Als isotonische Lösung in Wasser oder Tee (60 g auf 1 l Wasser) und in 150- bis 200-ml-Portionen konsumiert, wird es vom Magen nicht zurückgehalten und steht nach kurzer Zeit energetisch zur Verfügung. Bei Mäusen konnten durch die Verabreichung von zyklischen Dextrinen Leistungssteigerungen beobachtet werden. Beim Menschen blieben diese aus. Zum Teil werden in der Literatur widersprüchliche Angaben zum Einfluss auf eintretende Müdigkeit nach der Supplementierung gemacht.

Lactose (Milchzucker)	Milchzucker ist eher Sorgenkind als Nutzbringer. Personen mit Lactoseintoleranz leiden durch den Verzehr von Milch und deren Produkten oft an Blähungen und Durchfall. Zur Vorbeugung von Problemen sollte in diesem Fall von der Versorgung über Milchprodukte im Wettkampf abgesehen werden. Durch Lactose soll verstärkt Wasser ins Gewebe eingelagert werden. Für die Plastizität der Muskulatur kann dieser Effekt im Bodybuilding-Wettkampf störend wirken. Lactose steht ebenfalls als Energieträger und Glykogenregenerator zur Verfügung. Insulinschwankungen sind im Vergleich zu Traubenzucker(polymeren) weniger stark.
Ribose	Ribose ist Bestandteil der Erbinformation (DNS, RNS). Dieser Zucker soll schnell ins Blut und von dort in die Muskulatur gelangen. Leistungssteigernde Effekte sollen angeblich durch verkürzte ATP-Regenerationzeit sowie die 3- bis 4-mal höhere ATP-Konzentration in der Muskelzelle bewirkt werden (Berardi 2000). Zur Sicherheit wird damit besser nur nach dem Training supplementiert.

Im Prinzip sind alle Zuckerarten als Konzentrate erhältlich und auch einsetzbar. Glucose, Maltose und Stärke sind in Bananen, Brot, Kuchen, Keksen, Malzbier, Limonaden etc. enthalten. Fructose ist vor allem in Obst und Fruchtsaft/-schorle zu finden. Maltodextrin und Ribose sind für den Einsatz in der Sporternährung nur als Konzentrat erhältlich.

Die Aktivierung des Insulins durch Glucose und Stärke hängt vom Ballaststoffgehalt des Lebensmittels ab. Der Begriff »komplexes Kohlenhydrat« gilt nur für Kohlenhydratträger, deren andere Inhaltsstoffe die plötzliche Freisetzung der Stärke bzw. Glucose verzögern.

Neueste Erkenntnisse über Saccharose (Haushaltszucker) besagen, dass diese ernährungsphysiologisch und gesundheitlich nicht schlechter bewertet werden kann als Stärke. Bei genauerer Beschäftigung mit dieser Thematik muss jedoch festgestellt werden, dass ballaststoffarme, stärkereiche Lebensmittel ernährungsphysiologisch in der Basisernährung genauso kritisch anzusehen sind wie Haushaltszucker. Helles Brot, Toast, polierter Reis, Nudeln, Kekse und Bananen sind in der Ernährung nicht besser zu bewerten als Kuchen, Marmelade, Sirup, Süßigkeiten, Zucker und Honig (konzentrierte Kohlenhydrate). Im Rahmen der kohlenhydratbetonten Basisernährung ohne strategischen Hintergrund sollten diese Lebensmittel deshalb reduziert werden. Wichtig sind hier Lebensmittel wie Vollkornbrot und -brötchen, Obst, Gemüse (Erbsen, Bohnen, Linsen), Getreideflocken, Müsli, Trockenfrüchte, Vollkornnudeln, -knäckebrot sowie alle anderen Vollkornteigprodukte. Die enthaltenen Ballaststoffe geben die Kohlenhydrate nur langsam frei und verhindern damit starke Insulinschwankungen, Müdigkeit, Hungerlöcher, Heißhunger und Übersättigung. Ergebnisse sind eine dauerhafte Leistungsfähigkeit über den Tag sowie ein langfristig verminderter Fettansatz (für ektomorphe und ektomesomorphe Typen). Zusammenfassend soll noch einmal darauf hingewiesen werden: Außerhalb der strategischen Trainings- und Wettkampfernährung müssen konzentrierte Kohlenhydrate reduziert werden.

Wie in der Abbildung 4.1 dargestellt, sollte der Traubenzuckereinsatz bei Leistungen, die länger als 10 min dauern, nicht erfolgen. Bei mehreren solcher kurzen Wettkämpfe am Tag gilt das Gleiche. Sinnvoll kann die Supplementierung ca. 20–30 min vor Wettkampfende sein, um noch einmal eine Leistungsspitze zu setzen (Endspurt bei Radrennen, Ausdauerläufen, letzter Ringkampf etc.).

Abbildung 4.1: Einsatz der Kohlenhydrate in der Wettkampfernährung.

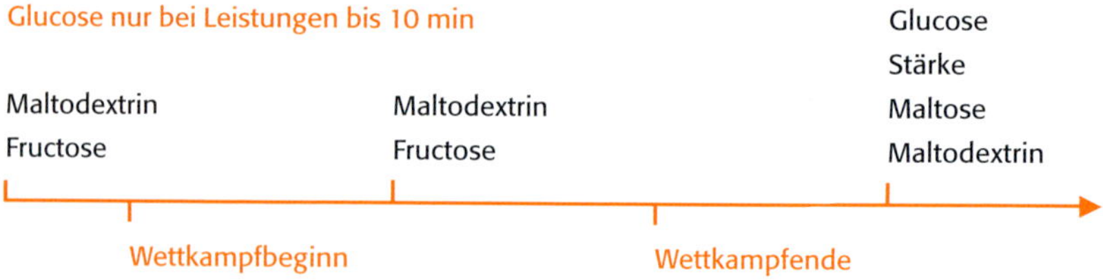

Die Beantwortung der Frage, ob eine kontinuierliche Versorgung mit Traubenzucker (alle 20 min) nicht auch blutzuckerbedingte Müdigkeit verhindern kann, muss durch einen persönlichen Test in Erfahrung gebracht werden.

Konzentrierte Kohlenhydrate und Traubenzucker führen zu starken Insulinschwankungen und Müdigkeit und sind nur vor Wettkämpfen bis 10 min Dauer geeignet. Sie sind gut zur Glykogenregeneration und für Leistungsspitzen im Endspurt, aber nicht in der Basisernährung geeignet (Abb. 4.2). Komplexe Kohlenhydrate fördern die langfristige Leistungsfähigkeit und verhindern das Ermüden. Leistungsspitzen, kurzfristige Energiebereitstellung und rasche Glykogenregeneration sind nicht möglich. Vorsicht ist im Wettkampf geraten: verzögerte Energiebereitstellung und Verdauungsstörungen (bakterieller Abbau der Ballaststoffe) können leistungsmindernd wirken.

Abbildung 4.2: Effekte konzentrierter und komplexer Kohlenhydrate auf den Insulinspiegel und die Leistung.

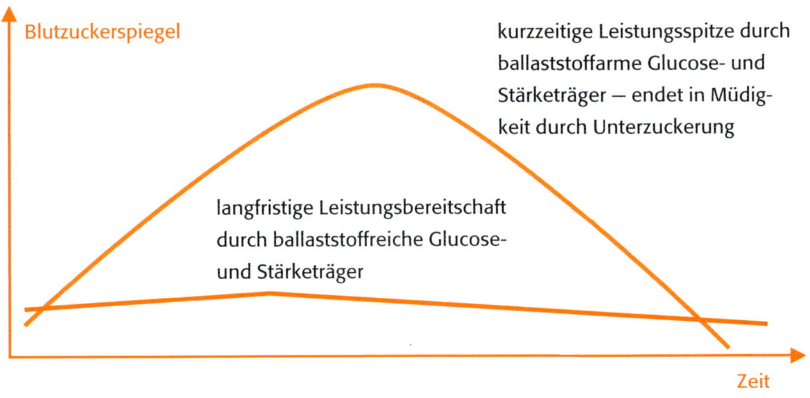

Maltodextrin gilt als Energielieferant für langfristige Leistungen und Leistungsspitzen, schont die Glykogenspeicher, eignet sich auch zur Regeneration der Glykogenreserven und soll dabei weniger insulinogen und ermüdend wirken als Glucose. Der Vorteil der Oligosaccharide liegt in der raschen Magenentleerung, einer guten Verdaulichkeit, einer raschen Resorption und dem geringen osmotischen Druck (Williams 1997).

Neueren Studien zufolge soll eine Ermüdung infolge starker Insulinsekretion und Hypoglykämie nach Glucosesupplementierung nicht eintreten. Während der Ausdauerbelastung führen Glucoseaufnahmen von 30 g/h zu einem erhöhten Blutzuckerspiegel. Jedoch soll die Höhe des

Insulinspiegels dabei unbeeinflusst bleiben. Eine Auswahl der Kohlenhydrate nach dem glykämischen Index wäre danach nicht mehr erforderlich (Neumann 2000). Williams (1997) beschreibt diese Reaktion als Ergebnis einer Katecholaminausschüttung, die bei intensiver körperlicher Leistung einen Insulinspiegelanstieg unterdrückt.

Offensichtlich führen erst Glucoseaufnahmen von 60 g und mehr zu einer entsprechend starken Insulinantwort, die dann in Hypoglykämie endet. Im Kraftsport werden 60–100 g Glucose verwendet, um den Kreatintransport in die Muskelzelle zu erleichtern. Unterhalb dieser Menge vemindert sich das Aufnahmevermögen für Kreatin infolge zu geringer Insulinsekretion. Es stellt sich also nicht die Frage, ob Glucose Müdigkeit auslöst oder nicht. Erschöpfungszustände sind abhängig von der konsumierten Kohlenhydratmenge, und im Bereich zwischen 30 und 60 g Glucosesupplementierung liegt demnach der Grenzwert, bei dessen Überschreitung hypoglykämische Effekte zu erwarten sind.

Zur Hypoglykämie neigenden Sportlern empfiehlt Williams (1997) die Kohlenhydratzufuhr direkt mit Leistungsbeginn und während der Leistung. Weniger empfindliche Sportler sollten die Kohlenhydratzufuhr 30 min vor der Leistung beibehalten. Bezogen auf die Stoffwechseltypisierung könnte diese Empfehlung wie folgt gedeutet werden: Der stark kohlenhydrat- bzw. insulinsensible endomorphe Typ nutzt Kohlenhydrate zur Leistungssteigerung mit Trainingsbeginn. Ektomorphe Typen führen die Kohlenhydrate 30 min vor Trainings-/Wettkampfbeginn zu.

Verschiedene in der Literatur angegebene Möglichkeiten der Kohlenhydratzufuhr/-supplementierung:

- nach dem Training: 0,7–1 g KH/kg Körpergewicht, 1–2 Stunden später noch einmal (gesamt 80–130 g KH), Gesamtkohlenhydratmenge 6 g/kg Körpergewicht und Tag
- maximale Insulinspiegelerhöhung durch 75 g Dextrose
- Glucosesupplementierung 30 min vor Trainings-/Wettkampfbeginn
- pro Stunde maximale Glucoseresorption von 40–60 g
- im Ausdauersport 7–12 g KH/kg Körpergewicht, im Kraftsport 5–7 g/kg Körpergewicht täglich (Burke 2002)
- 4–5 g KH/kg Körpergewicht in den letzten 4 Stunden vor der Belastung. 1–2 g KH/kg Körpergewicht in der letzten Stunde vor der Belastung, Supplementierung während der Leistung alle 20–30 min (30–60 g/h)

- 1 g KH/kg Körpergewicht direkt oder innerhalb der letzten 20 min vor der Belastung, danach alle 15–30 min 0,2–0,3 g KH/kg Körpergewicht
- 0,7–1 g KH/kg Körpergewicht alle 2 Stunden für 4–6 Stunden zur Regeneration nach der Belastung

4.3 Fette

Neben den Kohlenhydraten sind Fette die wichtigsten Energieträger. Während der Mensch ohne Kohlenhydratzufuhr leben kann, sind bestimmte Fettsäuren essenziell. Ein hoher Energieanteil an Fetten in der Diät wurde bisher als Grund für Übergewicht und daraus resultierende Krankheiten angegeben. Dennoch kann gerade über fettreiche, kohlenhydratarme Diäten eine Reduktion von Körperfett und das Abklingen von Hypercholesterinämien bewirkt werden. Die statistisch signifikante Beweisführung steht aber noch aus.

Das Problem des permanenten Fettgewebewachstums liegt möglicherweise an der Kombination von Kohlenhydraten und Fetten – gerade in dem Energieverhältnis, wie es zur gesunden Ernährung vorgegeben wird. Verstärkt wird dieser Effekt durch die vorgeschrieben moderate Eiweißzufuhr. Bei zu niedriger Eiweißzufuhr nutzt der Körper die Energie aus Fetten und Kohlenhydraten weniger zu Muskelaufbau und -reparatur. Dafür besteht verstärkt die Möglichkeit der Speicherung im Fettgewebe.

Die Energiebereitstellung über Kohlenhydrate ist für den menschlichen Organismus effektiver als die über Fette. In der Nahrung enthaltene Zucker werden bevorzugt verstoffwechselt, die Fette hingegen eingelagert.

Bestimmte Fettsäuren sind essenziell. Ein Mangel würde Leistungseinbußen sowie gesundheitliche Störungen auslösen. In der Tabelle 4.2 sind die lebensnotwendigen Fettsäuren und ihr Vorkommen aufgeführt.

Tabelle 4.2: Essenzielle Fettsäuren und ihr Vorkommen

Name	Chemische Einordnung	Vorkommen
(Ölsäure)	(ω-9)	(Nüsse, Mandeln, Oliven)
Linolsäure	ω-6	Sonnenblume, Soja, Distelöl, Raps
γ-Linolensäure	ω-6	Borretsch, Hanf, Nachtkerze
α-Linolensäure	ω-3	Lein, Raps
Eicosapentaensäure, Docosahexaensäure	ω-3	Seefisch, Seetiere, Algen, Fischöl

Ölsäure gehört nicht zu den essenziellen Fettsäuren. Die Wirkung im Bezug auf Leistung und Gesundheit wird dennoch als fördernd eingeschätzt (Verbesserung der Blutfettzusammensetzung).

Ungesättigte Fettsäuren wirken offensichtlich lipolytisch und erhöhen den Testosteron- und Wachstumshormonspiegel. Problematisch ist die Konkurrenz der ω-6- und ω-3-Fettsäuren im Organismus. Wird die Aufnahme der ω-3-Fettsäuren zu stark reduziert bzw. die der ω-6-Fettsäuren zu stark erhöht, wird der Stoffwechsel der ω-3-Fettsäuren inhibiert.
Die Folge sind veränderte Entzündungs- und Immunreaktionen. Als Beispiel soll hier an Arthrosen durch Arachidonsäure aus Schweinefleisch erinnert werden.

Bei hohem Fettverzehr sollte deshalb die Aufnahme von Linolsäure und γ-Linolensäure unterproportional zur ω-3-Fettsäuren-Aufnahme steigen. Ein großer Teil der Fettenergie kann dann über ω-9-Fettsäure-haltige Öle erfolgen. Sie greifen nicht in die Konkurrenz der ω-6- und ω-3-Fettsäuren ein und reduzieren gleichzeitig den Anteil gesättigter Fettsäuren. Bei High Fat Diets darf die Deckung des Energiebedarfes nicht ausschließlich über ungesättigte Fette erfolgen. Verstärkte Bildung freier Radikale und ein starker Vitaminverbrauch (vor allem Vitamin E) würden oxidative Gewebeschäden fördern.

Die wichtigsten Quellen zur Deckung des Fettsäurebedarfs sind Leinöl (Einrühren in Quark, Müsli etc., Leinsamen in Brot), Rapsöl (Salate) und Seefisch (2- bis 3-mal wöchentlich).

Wird der Fettverzehr bei isokalorischer Ernährung unter 20 % der Bruttoenergie gesenkt, reduziert sich offensichtlich der Testosteronspiegel im Blut. Entscheidend ist diese Aussage für den Muskelaufbau im Kraft- und Schnellkraftsport sowie bei Kraftphasen im Ausdauertraining. Mit der Abnahme körpereigener anaboler Steroide in Blut und Gewebe kann der fettfreie Muskelaufbau erschwert werden.

MCT-Fette sind Triglyzeride, deren Fettsäuren eine Kettenlänge von acht bis maximal zwölf Kohlenstoffatomen aufweisen (mittelkettige Fettsäuren). Die Verdauung und Resorption vollzieht sich ohne aufwendige Stoffwechselaktivitäten. Der Transport zur Zelle erfolgt direkt über den Blutweg, nicht wie bei langkettigen Fettsäuren über die Lymphe. MCT-Fette sind damit ein schneller Energielieferant bei intensiven Leistungen. Offensichtlich werden mittelkettige Fettsäuren bevorzugt verbrannt und nicht ins Fettgewebe eingelagert. Nachteilig ist dabei die Neigung des Organismus einzuschätzen, MCT als Energieträger zu verbrennen und vorhandene langkettige Fettsäuren einzulagern. Anderen Aussagen nach fördern mittelkettige Fettsäuren den Fettabbau durch gesteigerte Thermogenese. Überdosierungen führen zu Kopfschmerzen, Übelkeit und Durchfall.

In der Basisernährung des gesunden Sportlers sowie bei der Durchführung ketogener und fettreicher Diäten bewirkt der MCT-Einsatz keine Vorteile.

4.4 Grundsätzliche Lebensmittelauswahl für die Basisernährung

Grundsätzlich sollten Lebensmittel frisch und in wenig verarbeitetem Zustand gekauft und, soweit möglich, auch verzehrt werden. Lebensmittelzusatzstoffe, die während der Verarbeitung zugesetzt werden, stellen für den Organismus eine Belastungsquelle dar (Allergien, Giftstoffe, Leber- und Nierenbelastung etc.). Es sollte darauf geachtet werden, solche Produkte zu meiden. Verpackte Lebensmittel, mit ungewöhnlich langem Haltbarkeitsdatum versehen, sind größtenteils totsterilisiert und mit Zusatzstoffen (Farb-, Aroma-, Konservierungsstoffen, Stabilisatoren) angereichert. Über Billigverpackungen (nichtbeschichtete Büchsen, Folien, Plastik) gelangen Schwermetalle und kritisch zu bewertende synthetische Stoffe in die Lebensmittel.

Neben den Problemen des Übergewichts durch eine falsche Auswahl von Lebensmitteln stellen die Zusatzstoffe sicherlich eine (bisher zu wenig beachtete) Risikoquelle für Immunsystem und Gesundheit dar. Künstliche chemische Substanzen haben, solange sie nicht wirklich notwendig sind (mikrobiologische Reinheit), nichts in Lebensmitteln zu suchen. Fett- und Zuckerersatzstoffe, die nicht selten zu Magen-Darm-Störungen führen, werden die Biochemie des Körpers nicht »austricksen« und Übergewichtigkeit und Folgeerkrankungen verhindern können. Einen Überblick zur Lebensmittelauswahl gibt Tabelle 4.3.

Tabelle 4.3: Lebensmittelauswahl

Zu bevorzugende Lebensmittel (frisch, möglichst frei von Zusatzstoffen, kaum ver-/bearbeitet)	Ernährungsphysiologisch weniger wertvolle Variante (größtenteils bedingt durch Verarbeitung und Verpackung)
Vollkornbrot/-brötchen	Toast, Weißbrot, Graubrot, Zwieback
Vollkornnudeln	Standardnudeln
Vollkorn-/Parboiled-Reis	Reis, geschält und poliert
Pellkartoffeln	Kartoffelprodukte
Gemüse, frisch (Radieschen, Möhre, Kohlrabi, Paprika, Tomate, Kohl) oder gedünstet	gekochtes Gemüse, Gemüsekonserven
Erbsen, Bohnen, Linsen	
Blattsalate	
Sprossen, Keimlinge	
Obst frisch, Trockenobst	Obstkonserven
Milch, Buttermilch	Milch mit Aromen und Zucker, Getränkepulver
Joghurt, natur	Joghurt mit Zucker-/Aromazusatz

Käse ohne Schimmelveredelung	Schimmelkäse
Frischfleisch	**gepökeltes Fleisch, Wurst**
Geflügel, Wild	
Eier	
Frischfisch, Filet (schockgefrostet)	Büchsenfisch
Pilze	
Rapsöl, Leinöl, Butter	Sonnenblumen-/Sojaöl, Margarine
Nüsse, Mandeln, Leinsamen	
Stilles Mineralwasser	
Kräutertee, grüner Tee	**Früchtetee**
Fruchtsaftschorle aus natürlichem Fruchtsaft	Fruchtsaft(schorle) mit Zucker-/Aromazusatz
Flaschenbier	**Malzbier, Büchsenbier**
Honig	
Konfitüre, fructosehaltig	**Süßigkeiten, Sirup, Marmelade, Zucker Konfitüre, glucosehaltig**
	Spirituosen

4.5 Flüssigkeitsaufnahme

Die Aufnahme von Flüssigkeit in Form von Wasser dient zum Löschen und der Vorbeugung von Durst, der Aufrechterhaltung von Elektrolythaushalt und Intrazellulardruck sowie dem Entfernen von Abbau- und Giftstoffen.

Für den Athleten gilt die Regel, zu trinken, bevor der Durst entsteht. Durst ist ein Zeichen für fehlendes Körperwasser und Elektrolytimbalancen. Diese Mängel wirken leistungsmindernd und können kurzfristig nicht ausgeglichen werden. Im Moment einer Durstwahrnehmung ist es schon zu spät. Um durch vorsorgliches Trinken und den Leistungserhalt nicht an Magenüberfüllung bzw. ständigem Harndrang zu leiden, sollten 100- bis 200-ml-Portionen in 20–30 min Abstand konsumiert werden.

Den Durst zu löschen, heißt, den Flüssigkeits- und Elektrolytbedarf auszugleichen. Energiereiche Getränke (Milch, Limonaden, Eistee etc.) sind deshalb ungeeignet. Kräutertee und stille Mineralwässer bieten die besten Vorteile. Falls die Wasseraufnahme während der körperlichen Belastung mit der Energieaufnahme kombiniert wird (z.B. MD-Lösung), sollte darauf geachtet werden, dass ein steigender Flüssigkeitsbedarf nicht parallel zu erhöhter Energieaufnahme führt. Entweder kann die gesamte Energiemenge gleichmäßig über das Trinkwasser verteilt oder als Einmalportion verabreicht werden. Die Grenze von 6 %igen Glucose- und Maltodextrinlösungen (Fructose 3 %!) sollte nicht überschritten werden.

Zu Übersichtszwecken sind in Tabelle 4.4 Getränke aufgelistet und nach dem Gesichtspunkt des Flüssigkeitsbedarfs bewertet.

Tabelle 4.4: Getränke und Bewertung

Getränk	Vorteil	Nachteil
Destilliertes Wasser, Leitungswasser	gut geeignet zur Teezubereitung	elektrolytfrei: Wasserverluste können verstärkt werden (-> Elektrolytausspülung)
Stilles Mineralwasser	Durstlöscher	
Mineralwasser mit Kohlensäure	Durstlöscher	Magenverstimmung, Aufstoßen und Blähungen möglich
Kräutertee	Durstlöscher, basische Mineralstoffzusammensetzung	
Früchtetee		oftmals pestizidbelastet, angeblich Säureüberschuss erzeugend
Fruchtschorle	Durstlöscher bei Verdünnung 1:2 oder 1:3, ohne Zuckerzusatz	geringe Verdünnung (1:1) führt zu Blähungen und Durchfall, Zuckerzusätze sind Dickmacher

Limonaden, Eistee, Malzbier	schnelle Energieträger, rasche Regeneration der Glykogenspeicher (in Verbindung mit Trockenobst [Kalium])	zuckerhaltig, hypertonisch: Dickmacher, Blähungen, Durchfall, Magenpassage verlängert
Cola	anregende Wirkung (Coffein), schneller Energieträger, rasche Regeneration der Glykogenspeicher (in Verbindung mit Trockenobst [Kalium])	hoher Phosphorgehalt, zuckerhaltig, hypertonisch: Dickmacher, Blähungen, Durchfall
Kaffee	anregende Wirkung (Coffein)	diuretische Wirkung (Wasserverlust)
Grüner Tee	Durstlöscher, anregende Wirkung (Matein)	
Bier	Durstlöscher	Alkohol: verschlechterter Schlaf, diuretische Wirkung (Wasserverlust)
Milch		energiereiches Lebensmittel, kein Durstlöscher

5 Bioaktive Substanzen und Nahrungsergänzungsmittel

Pflanzliche Sekundärmetaboliten, auch bioaktive Substanzen genannt, sind Stoffe oder Stoffgruppen, die in Pflanzen gebildet werden und spezifische Funktionen erfüllen. Eiweiße, Fette und Kohlenhydrate sind die »primär« gebildeten Substanzgruppen. Bioaktive Stoffe werden erst in zweiter Linie und zum Teil nur bei Notwendigkeit (z.B. Abwehrstoffe gegen Fraßfeinde oder Parasiten) synthetisiert bzw. aktiviert. Die Bedeutung für die Humanernährung liegt in der Förderung der Gesundheit und damit im langfristigen Leistungserhalt.

Pflanzenextrakte, die reich an bestimmten Sekundärmetaboliten sind, bilden oft die Basis für Medikamente (Pelt 1983). Natürlich sind die Mengen in Lebensmitteln nicht so wirksam wie Arzneikonzentrate, jedoch führt eine kontinuierliche Zufuhr zu einem positiven Einfluss auf die Gesundheit – ohne unerwünschte Nebenwirkungen. Essenzielle Nährstoffe (z.B. Vitamine) und bioaktive Substanzen ergänzen sich in ihrer Wirkung (Whittaker u. Feeny 1971). Darin liegt auch begründet, warum Vitamine, die über frisches Obst und Gemüse aufgenommen werden, effektiver wirken als chemisch hergestellte Vitaminsupplemente.

Die Nutzung von Lebensmitteln, die reich an biologisch aktiven Stoffen sind, kann dem Sportler neben der Gesunderhaltung auch durch leistungsfördernde Effekte dienlich sein. So sollen z.B. durch die in der Sojabohne enthaltenen Phytoöstrogene muskelanabole Prozesse verstärkt werden (Wang et al. 1998; Yamamoto et al. 1998). Der Verzehr solcher Lebensmittel hilft auch, den Einsatz von Supplementen und Pharmakaprodukten (Zellschutz, Radikalfänger, Immunstabilisatoren etc.) zu senken. Ein Großteil des von der Lebensmittelindustrie erzeugten »Functional Food« ist mit bioaktiven Substanzen angereichert.

Phytoöstrogene binden im menschlichen Organismus an Typ-2-Östrogenrezeptoren. Ihre Wirkung ist jedoch deutlich schwächer als die der endogenen Östrogene (Estradiol). Bindet das Phytoöstrogen an den Rezeptor, ist ein Andocken körpereigener Östrogene nicht möglich. Ergebnis ist eine antiöstrogene Wirkung. Gerade bei hohen Spiegeln östrogener Steroide ist dieser Effekt signifikant. Bei geringer Konzentration körpereigener

Östrogene können Phytoöstrogene – vor allem in großen Mengen – aber auch östrogen wirken (Markaverich et al. 1988; Messina 1991; Thompson 1993). Zum Teil kann durch die antiöstrogene Wirkung der Muskelanabolismus verstärkt werden. Aus diesen Grund wurde auch mit der synthetischen Herstellung und dem Einsatz von Methoxiflavon begonnen (Feuer et al. 1976, 1979).

Als wichtigste Lebensmittel für die Versorgung mit biologisch aktiven Stoffen gelten Obst, Gemüse, Samen, Nüsse, Keimlinge, Kräuter, Gewürze, Öle und fermentierte Produkte (Joghurt, Kefir, Sauermilch, Sauerkraut) (Tab. 5.1). Zusammenfassend kann die Wirkung als antikanzerogen, antimikrobiell, antioxidativ, antithrombotisch, immunmodulierend, entzündungshemmend, blutdruckregulierend, cholesterinsenkend, blutzuckerregulierend und verdauungsfördernd beschrieben werden.

Es ist belegt, dass durch Hitzeeinwirkung (z.B. Kochen) und Schälen starke Verluste an Sekundärmetaboliten eintreten. Obst und Gemüse sollten deshalb, so weit es möglich ist, als unerhitzte Rohkost verzehrt werden.

Tabelle 5.1: Lebensmittel, Gehalt an bioaktiven Stoffen und ihre Wirkung

Lebensmittel	Bioaktive Substanzen	Wirkung
Obst: Apfel, Banane, Orange Gemüse Hülsenfrüchte Hafer, Roggen, Gerste Weizen, Mais	Pektin Pflanzengummen (Ballaststoffe) Hemizellulosen, Polysaccharide β-Glucane Zellulose, Lignin	Vorbeugung von: • Obstipation • Übergewicht • Bluthochdruck • Hypercholesterinämie • Arterienverkalkung • Gallensteinen • Diabetes mellitus Typ 2 • Hämorrhoiden • Divertikulose • Blinddarmentzündung • Krampfadern • Dickdarmkrebs

Fermentierte Milchprodukte, Joghurt, Kefir, Sauermilch; Sauerkraut	Milchsäurebakterien, bakterielle Enzyme, fermentierte Substanzen	Verbesserung von: • Lactoseintoleranz • Cholesterinspiegel antimikrobiell, antikanzerogen, immunmodulierend
Fisch	ω-3-Fettsäuren	Fettmobilisierung Entzündungshemmung insulinogen Vorbeugung von Herz-Kreislauf-Erkrankungen Wachstumshormonausschüttung
Kakao		obstipierend (verstopfend)
Fettreiche Pflanzenteile, Sonnenblumenkerne, Sesamsaat, natives Sojaöl, Nüsse	Phytosterine: β-Sitosterin Sigmasterin Campesterin Fucosterin	Hemmung Cholesterinresorption Verbesserung Hypercholesterinämie antikanzerogen, antikatabol, Östrogenhemmer
Hülsenfrüchte, Sojabohne, Kichererbsen	Saponine	antimikrobiell antikanzerogen cholesterinsenkend immunmodulierend entzündungshemmend
Senf, Meerrettich, Kohl, Rosenkohl, Gartenkresse	Glucosinolate: Isothiocyanat Thiocyanat Indole	Wirkung durch Abbauprodukte: • antikanzerogen • antimikrobiell
Grünkohl, Weizenvollkorn, Radieschen Brombeere, Himbeere, Walnüsse, Pecannüsse	Polyphenole: Phenole: Catechol Phenolsäuren: Gallussäure, Ellagsäure	
Kaffee	Hydroxyzimtsäuren: Kaffeesäure Ferulasäure	

Gelbes/rotes/blaues Obst und Gemüse Gelbe Zwiebeln Pflaumen, Auberginen, Rotkohl Weiße Orangenhaut Gelbwurz	Kumarine: Umbelliferon Iso-/Flavonoide: Quercetin, Genistein, Daidzein, Formononetin, Methylequol, Dihydroiso-flavon, Myricetin, Quer-cetagetin, Gossypetin, Hesperitin, Naringin, Tangeretin, Nobiletin Lignane: Secoisolariciresinol Lignine: Matairesinol, Cariciresinol Capsaicin, Curcumin	antithrombotisch antimikrobiell
Erdnuss, Kartoffel, Soja, Mungo, Hafer , Tomate, Lein	Proteaseinhibitoren	antioxidativ blutzuckergulierend entzündungshemmend
Pfefferminze, Zitrusöl, Kümmelöl	Terpene: Menthol Limonen Carvon	Aromastoffe antikanzerogen antimikrobiell
Aleuron des Weizenkei-mes, Leinsamen, Soja	Phytoöstrogene: Lignane Isoflavonoide: Genistein, Daidzein	Schutz vor starken endogenen Östrogenen (Estradiol), Muskelaufbau
Knoblauch, Schnittlauch	Sulfide: • Alliin (Diallyldisulfid) • Allicin • Diallyltrisufid /-tetrasulfid • Dipropyldisulfid Glucarate, Phtalide	antimikrobiell antioxidativ Radikalfänger antikanzerogen »Ur-Dopingmittel«
Hülsenfrüchte, Ölsaaten, Getreideschale	Phytinsäure	blutzuckerregulierend

Grünes Gemüse, Spinat	Chlorophyll, Chlorophyllin	Hemmung der karzinogenen Wirkung von Pyrolyseprodukten aus tierischen Lebensmitteln (verbranntes Fleisch, Grillfleisch)
Möhre, Tomate, Paprika	Carotinoide: α-Carotin β-Carotin Xanthophylle: Lutein, Zeaxanthin	
Kapuzinerkresse, Gartenkresse, Meerrettich Moosbeeren, Heidelbeeren	Thiocyanate Phenolsäuren	Harnwegsinfektionen mildernd
Ingwer	Gingerol	antithrombotisch
Schwarze Chinamorchel, Mu-Erh-Pilze, Auricularia, Honigmelone, Chilipfeffer Roggen	Adenosin Alkyl-/Alkenylresorcinole	antithrombotisch
Seetiere	ω-3-Fettsäuren	
Süßholzwurzel, Braunalge (Laminaria); Kaffe, Tee, Cola, Kakao	Glycyrrhizin (Saponin), Histamin	blutdruckbeeinflussend
Bohnen, Luzerne, Gerste, Roggen, Hafer, Palmöl Knoblauch	Saponine, Tocotrienole	cholesterinsenkend
Getreide, Hülsenfrüchte, Weizen, Bohnen, Mungo, Linse, Luzerne	Glycoptoteine, Phytinsäure, Tannine, Lektine	blutzuckerregulierend
Porlinge (Pilz)		entzündungshemmend

Weißkohl, Süßholz, Sojabohnen, Ingwer, Sellerie, Knoblauch, schwarzer Tee, Leinsaat, Zwiebeln, Weizen, Vollreis, Hafer, Gerste, Kräuter, Beeren, Melone, Kartoffeln, Gurken		antikanzerogen
Alfalfa, Kartoffel, Zitrone, Gurke		Säure-Basen-Haushalt-regulierend
Porree (Lauch)		verhindert Gärung und Fäulnis
Petersilie		unterstützt Verdauung von tierischem Eiweiß
Rote Bete		fördert Fettabbau in Leber
Stangen-/Staudensellerie		schwemmt Säurerückstände aus Gewebe, Saft hilft Hitze besser zu ertragen
Gemüse, Salat, Gewürze, Kräuter, Sprossen, Keimlinge, Vollkorn, Milchprodukte, Früchte, Trauben- und Apfelmost, Sauerkraut, Ananasstengel, Papayasamen, Feigen		als Rohkost: Hilfe bei Enzymbildung
Apfel-, Pflaumenkerne, Mandeln		Krebsneigung des Körpers kontrolliert, Krebsvorbeugung
Grapefruit		Muskel- und Knochenbildung
Himbeere		verdauungsfördernd
Holunderblütentee		antirheumatisch antiallergisch stärkt Immunsystem

Heidelbeere, Pflaume, Gurke		antirheumatisch
Spinat		unterstützt gesamtes Verdauungs- und Ausscheidungssystem
Kolabaum Gota (Centella asiatica)	Kamperol, Inosit, Quercetin, Campesterol, Sitosterin, Stigmasterin, Triterpenoidsäuren, Vellarin	entzündungshemmend, wundheilungsfördernd stärkt Immunsystem bindegewebestärkend Ausdauerleistungsfähigkeit gesteigert
Psyllium plantago ovata (Flohsamen)	lösliche Ballaststoffe	cholesterinsenkend antiaatherogen, Fettabbau fördernd triglyzeridsenkend
Bärentraube (Uva ursi)		entzündungshemmend, lindert Blaseninfektionen, diuretisch
Noni Morinda citrifolia	Flavonoide, Sitosterin, Terpene, Scopoletin, Anthrachinone, Alkaloide, Damnacanthal, Enzyme (Proxeronase, Proxeronin)	Förderung der Zellteilung Zellerneuerung und Eiweißsynthese
Ananas	Bromelain	verdauungsfördernd stärkt Immunsystem verbesserte Wundheilung antiarteriosklerotisch synergistisch zu Antibiotika Minderung von Infektionen der Atemwege
Weizenkeimöl	Octacosanol	verbesserte Sauerstoffversorgung und Energiefreisetzung aus der Muskulatur

Muira Puama (Potenzholz)	Sitosterin	Stärkungsmittel, Nerventonikum, Aphrodisiakum
Indische Stechweide/ Sarsaparilla (Hemidesmus indicus)		Anwendung bei Verdauungsproblemen, zur Blutreiningung, bei Hautproblemen, zur Entwässerung, bei Nierensteingefahr
Wild Mexican Yam	Diosgenin	antiöstrogene Wirkung
Glucomannan, Amorphophallus konjac		»Glättung« des Insulinspiegels nach Kohlenhydratverzehr Förderung der Lipolyse

Das Spektrum an Nahrungsergänzungsmitteln erstreckt sich von der Supplementierung einzelner Nährstoffe über frei erhältliche Medikamente bis hin zu Dopingmitteln. Der Begriff Nahrungsergänzungsmittel ist damit zum Sammelbegriff für alle möglichen Substanzgruppen unterschiedlichster Wirkung geworden. Die Grenzen zur illegalen Nutzung bzw. zum Missbrauch sind fließend. Gesetzlich besteht hier eine Grauzone.

Grundsätzlich sollte der Athlet daran interessiert sein, mit der Ausschöpfung aller legalen Mittel eine Leistungsverbesserung zu erreichen. Dieser Hinweis soll keine Belehrung darstellen, sondern darauf verweisen, dass selbst durch Dopingmittel Fehler im Training, in der Ernährung und in der Regeneration nicht auszugleichen sind. Es nützt wenig, zum Muskelaufbau Testosteronderivate zu verwenden, wenn dem Körper die biologisch hochwertigen Baustoffe in Form essenzieller Aminosäuren fehlen. Genauso wenig wird eine stimulierende Substanz zu Hochleistung führen, wenn die Regeneration (z.B. ausreichender Schlaf) vernachlässigt wird. Supplemente stellen nur die kleine Spitze einer Pyramide leistungsfördernder Maßnahmen dar.

Der strategisch geplante Einsatz von Ergänzungen und Zusatznahrung entsprechend einer bestimmten Situation kann aber durchaus sinnvoll sein bzw. fördernde Effekte erzeugen. Wie im Kapitel «Kohlenhydrate« dargestellt, kann bereits durch die Nutzung von Kohlenhydratlösungen Ermüdungserscheinungen vorgebeugt werden. Der Supplementeinsatz wird erst ab 12–15 Trainingsstunden pro Woche als sinnvoll und zweckmäßig eingeschätzt. In der Tabelle 5.2 sind Doping- und Arzneimittel enthalten. Supplemente können, zum Teil individuell bedingt, Unverträglichkeitsreaktionen bzw. gesundheitsschädigende Nebenwirkungen auslösen.

Tabelle 5.2: Supplemente und NEM – Ausrichtung nach Einsatzmöglichkeiten

Verstärkung des Kreatintransportes in die Zelle	• α-Liponsäure • Metformin • Chrompicolinat
Förderung der Superkompensation der Glykogenspeicher	• OKG (Ornithin-α-Ketoglutarat) • Glutamin (+ hGH-Stimulierung) • Vanadylsulfat • Metformin • Octacosanol
Erhöhung des Zellvolumens durch verstärkte Wassereinlagerung	• Kreatinmonohydrat • Glutamin • Glycerin • Taurin
Anregen der Insulinsensibilität	• α-Liponsäure • Metformin • OKG • Vanadylsulfat • BCAA, Laktalbumin • Leucin, Phenylalanin
Regeneration der Glykogenspeicher, Erhöhung des Zellvolumens durch verstärkte Wassereinlagerung, hGH-Stimulierung	• OKG (Ornithin-α-Ketoglutarat) • Glutamin

hGH-Stimulierung	• ω-3-Fettsäuren • Argininpyroglutamat, Lysin • Symbiotropin • L-Dopa
»Glättung« Insulinspiegel	• Glucomannan • Metformin
Appetithemmer	• L-Phenylalanin • Cholecystokinin • 5-Hydroxytryptophan
Fettabbau	• Bioperin • Forskollii • Glucomannan • Methoxyflavon • MCT (mittelkettige Triglyzeride) • Hydroxyzitronensäure • Cholin (Fettverflüssigung) • HMB (Hydroxymethylbutyrat)
Verminderung der Fettresorption	• Chitosan • Absorbitol
Stimulierung von Zentralnervensystem, Leistungsfähigkeit, Fettverbrennung	• Ephedrin, Norephedrin • Synephrin • Coffein • Matein • Yohimbin • Clenbuterol (+ muskelanabol) • Ginseng
Durchblutung, Konzentration, Leberstoffwechsel	• Ginseng • Eleutherococcus • Gingko
Konzentration, Gedächtnis, Bewegungskoordination	• Hydergin • Piracetam • Cholin (Kombination mit Piracetam)

Schilddrüsenaktivierung	• Guggulsteron • Pyruvat • Cholin/Lecithin (Kombination mit Guggulsteron) • Sojaprotein • Ephedrin
Osteoporosevorbeugung, verbesserte Magnesium- und Calciumresorption	• Boron
Osteoporosehemmer	• Ipriflavon
Östrogenerhöhung	• β-Sitosterol
Antiöstrogene, Aromatasehemmer,	• Chrysin • Chlomiphen • Cyclofenil • Saw Palmetto (Sägepalmenfruchtextrakt)
Östrogenblocker	• Diindolmethan
Testosteronbooster	• Protodioscin • Protogracillin (Tribestan)
Steroidersatz	• Methoxyisoflavon • Fucosterol • Campesterol • Stigmasterol • Sitosterol • Oryzanol
Cortisolblocker	• Phosphatidylserin • Melatonin
Entspannung, Schlaf, hGH-Ausschüttung	• Johanniskraut • Melatonin • GHB (γ-Hydroxybutyrat) cortisolsteigernd • GABA (γ-Aminobuttersäure)
Wasserverlust bei Hitze	• Glycerin
Ausdauer, antikatabol	• HMB (Hydroxymethylbutyrat)

Verbesserung »Pump« (Spannungsaufbau im Muskel durch verstärkte Durchblutung und Wassereinlagerung während der Belastung) und Energiefreisetzung bei glykogenverarmter Muskulatur	• Succinate • Dinatriumsuccinat
Energiefreisetzung	• Octacosanol • Cytochrom C • Dimethylglycin
Synergismus mit wasserlöslichen Vitaminen	• PABA (Paraaminobenzoesäure)
Durchblutungsfördernd	• Metformin

Im Sinne einer gesund erhaltenden Ernährung sind Supplemente nicht nötig. Die Unterschiede im Tagesablauf des Sportlers, sowohl im Training als auch im Wettkampf, erfordern spezifische Ernährungsformen, und auch der gezielte Einsatz von Supplementen kann im Sinne einer Leistungssteigerung durchaus zweckmäßig sein. Beachtet werden sollte jedoch der zielgerichtete und sinnvolle Einsatz.

Bevor ein Stoff als Dopingmittel eingeordnet wird, macht er sich einen Namen als »funktionierendes« Nahrungsergänzungsmittel. Neue Substanzen kommen auf den Markt. Sie wirken und gewinnen an Beliebtheit. Wird die Wirkung wissenschaftlich belegt und sind negative Auswirkungen in Bezug auf die Gesundheit und den »sauberen« Sport festzustellen, erfolgt der Eintrag in die Dopingmittelliste. Tatsache ist, dass nicht alle Supplemente leistungsbeeinflussende Eigenschaften besitzen. Die Aussage »Nahrungsergänzungsmittel/Supplemente wirken nicht und brauchen deshalb nicht gekauft zu werden«, ist ein Resultat des Streites zwischen Vertretern der klassischen Ernährungslehre und der Herstellerindustrie, der es egal ist, ob sie wirkende oder nichtwirkende Supplemente verkauft, solange das Geschäft geht. Dem Sportler, der zwischen den Fronten steht, ist damit jedoch nicht geholfen. Es muss also unterschieden werden, ob sich »nur« gesund ernährt werden oder die Leistung ernährungstechnisch und strategisch beeinflusst werden soll.

Die möglichen Erfolge im Bezug auf Körperaufbau und Leistungsfähigkeit über das Verschieben der Makronährstoffe (Fette, Kohlenhydrate, Eiweiße) sind ein Beweis dafür, dass Supplemente, Nahrungsergänzungsmittel (und auch Dopingmittel) nur die Spitze einer entsprechenden Ernährung sein sollten bzw. sein können. Defizite in der Basisernährung werden langfristig nicht über Nahrungsergänzungsmittel ausgleichbar sein, da natürliche Lebensmittel Substanzen enthalten, die synergistische Wechselwirkungen mit Vitaminen und anderen bioaktiven Stoffen hervorrufen. Künstliche Lebensmittel und Supplemente können solche Effekte auf die Gesundheit und die Leistungsfähigkeit nicht ersetzen (siehe bioaktive Substanzen).

6 Diätformen und Ernährungsprogramme

Die im Folgenden vorgestellten Ernährungsprogramme sind eine Auflistung möglicher bzw. bereits genutzter Diäten und Strategien. Es wird versucht, alle definierenden Fakten darzustellen, selbst wenn keine wissenschaftlichen Bestätigungen vorliegen.

Nach Angaben der Deutschen Gesellschaft für Ernährung (DGE) braucht der Sportler keine spezielle Ernährung. Diese Aussage kann jedoch nur für die Auswahl solcher Lebensmittel gelten, die im Allgemeinen der langfristigen Gesunderhaltung dienen. Die Ernährungssituation des Sportlers ist nicht mit der des durchschnittlichen Bürgers vergleichbar. Radsportler, die 6 – 8 Stunden täglich auf dem Rad trainieren, können nicht fünf bis sechs kleine Mahlzeiten einer vollwertigen Mischkost aufnehmen. Kampfsportler, die nach dem Wiegen weniger als 1 Stunde Zeit zur Aufnahme von Flüssigkeit und Energieträgern haben, würden ebenfalls an den Regeln der Vollwerternährung scheitern. Skispringer, die über »bedarfsangepasste« Energiezufuhr ein Optimalgewicht aufbauen, würden im Wettkampf keine relevanten Sprungweiten erzielen.

Die angegebenen Beispieldiäten dienen der Anschauung. Für individuelle Zwecke müssen Alter, Größe, Gewicht, körperliche Beanspruchung etc. berücksichtigt werden. Die Volumina der Flüssigkeitsaufnahme verstehen sich als Mindestmengen. Die Mengenangaben der Lebensmittel (in Gramm) entsprechen Zirka-Angaben. Die Gewichtangaben stellen die Summe des bezeichneten Lebensmittels dar. Die Bilanzen wurden mit Hilfe der Software: DGE-PC Version 2.8 erstellt.

6.1 Ketogene (anabole) Diäten und Ernährungsformen in der Sporternährung

Ketogene anabole iso- und hyperkalorische Diäten (Daily 2000) sind weniger gekennzeichnet durch die Nutzung neuartiger Lebensmittel oder leistungssteigernder Substanzen. Vielmehr liegt eine strategische Nutzung herkömmlicher Nähr- und Lebensmittel vor, die durch die gezielte Verschiebung der Verhältnisse der Makronährstoffe (und damit einhergehend der

Mikronährstoffe) in der täglichen Ernährung bestimmte physiologische Stoffwechselprozesse auslösen.

Eine kohlenhydratreiche und zugleich fettarme Ernährung wurde bisher in allen Sportarten angestrebt (Brouns 1987; Dickhuth 1984; Keul 1975). Lediglich im Kraftsport wurde eine erhöhte Fettaufnahme »akzeptiert«. Grund dafür ist aber nicht der erhöhte Bedarf an Nahrungsfetten. Vielmehr ist diese erhöhte Fettzufuhr eine Ursache des höheren Bedarfs an Eiweißen. Wird dieser Bedarf zu einem hohen Teil durch tierische Eiweiße gedeckt, steigt parallel die Aufnahme tierischer Fette (intramuskuläres Fett). Die kohlenhydratreiche fettarme Diät galt bislang als Optimum für die sportliche Leistung und die beste Möglichkeit der Prävention ernährungsbedingter Krankheiten (DGE 1992, 1996, 2000a). Ketogene Diäten stellen nun genau das Gegenteil der klassischen Sporternährung dar: fettreich mit einem Energieanteil α-glykosidisch gebundener Kohlenhydrate von weniger als 5 %. Trotzdem werden diese »ungesunden« und »leistungsbegrenzenden« Ernährungsformen zunehmend eingesetzt.

Die Nutzung der ketogenen Diäten erfolgt seit über 70 Jahren für überwiegend medizinische Zwecke (Carroll u. Koenigsberger 1998). Erstmalig wurde diese Form der Diätführung 1921 im Zusammenhang mit der Behandlung von Epilepsie (Vining 1999) beschrieben. Die bekannteste klassische Umsetzung einer ketoseinduzierenden Diät ist die Atkins-Diät (Atkins 1972). Die wichtigsten Formen sind die hypokalorischen ketogenen Diäten (Fasten, modifiziertes Fasten) und die isokalorischen bis leicht hyperkalorischen ketogenen Diäten (anabole ketogene Diät).

Der Energiebedarf des gesunden Menschen soll zu 10–15 % über Eiweiße, zu 30 % über Fette und zu 55–60 % über Kohlenhydrate gedeckt werden (DGE 2000 b). Bei einem Kraftsportler verringert sich der Anteil der Kohlenhydrate zugunsten des Proteins, und bei einem Ausdauersportler verringert sich der Anteil des Fettes, aber auch des Proteins zugunsten der Kohlenhydrate, wobei auch hier der absolute Eiweißbedarf erhöht ist.
Bei einer ketogenen Diät verschiebt sich das Energieverhältnis der Makronährstoffe in Richtung der Fette. Dabei müssen 60–80 % der Energie über Fett und 15–30 % der Energie über Eiweiße aufgenommen werden.
Kohlenhydrate werden lediglich mit einem Energieanteil von 5 bis maximal 10 % bilanziert und dürfen Tagesaufnahmen von 20 bis maximal 40 g (α-glykosidisch gebunden) nicht überschreiten (Fraser et al. 2000;

Magrath et al. 2000; Phinney et al. 1983; Vining 1999). Ziel ist es, den Kohlenhydratstoffwechsel zu minimieren, eine metabolische Ketose zu induzieren und den Fettstoffwechsel anzuregen. In diesem Zustand werden Hormone, Enzyme und Stoffwechselprozesse aktiviert, die in Bezug auf verschiedene Erkrankungen wie Adipositas (Balasse u. Fery 1989; Cooney 1983; Daily 2000; Haymes 1985; Volek et al. 2000; Wing et al. 1995), Arteriosklerose (Elliot 1981; Volek et al. 2000), Epilepsie (Magrath 2000; Nebeling u. Lerner 1995; Schwartzkroin 1999; Tallian et al. 1998; Vining 1999; Withrow 1980) und Krebs (Nebeling u. Lerner 1995) lindernd und bei bestimmten Leistungsanforderungen an den Körper (anaboler Muskelstoffwechsel, gesteigerte Energiebereitstellung im laktazid-anaeroben Bereich) unterstützend wirken (DiPasquale 1995; Duchaine 1996).

Ketogene Diäten weichen mit ihrem hohen Energieanteil über Fette und Eiweiße sowie dem stark reduzierten Kohlenhydratanteil von der kohlenhydratreichen Ernährung ab. Sie werden sowohl im medizinisch-diätetischen Bereich als auch in der Sporternährung eingesetzt, wobei in der Sporternährung die wissenschaftliche Basis unzureichend ist. Verschiedene Formen zeigt Tabelle 6.1

Tabelle 6.1: Ketogene Diätformen

Ketogene Diät nach Dr. Atkins	Atkins nimmt zu Beginn die Kohlenhydrate aus der Diät. Mit Erreichen des Normalgewichtes über die Ketose werden die Kohlenhydrate stufenweise ergänzt. Die Menge an Kohlenhydraten, die infolge Fettgewebewachstums wieder zur Gewichtszunahme führt, sollte nicht mehr überschritten werden (»Kohlenhydratschwelle«).
Ketogene Diät nach Dr. DiPasquale	DiPasquale kombiniert eine 5-tägige Ketosephase mit einer 2-tägigen kohlenhydratreichen, nichtketogenen Phase. Ziele dabei sind die Fettgewebereduktion und der Muskelaufbau über die anabole Wirkung von Testosteron und Insulin.
Ketogene Diät nach Dr. Eades	Bei dieser Diät hängt die Reduktion der Kohlenhydratenergie vom Anteil des Körperfettgewebes ab. Je mehr Fettgewebe vorhanden ist, desto strenger ist die Kohlenhydratreduktion.
Ketogene Diät nach Dr. Sears	Bei dieser Diätform werden die Kohlenhydrate mit 40%, die Eiweiße und Fette mit jeweils 30% bilanziert. Dabei dürfen nur niedrigglykämische Kohlenhydrate konsumiert werden. Hier handelt es sich um eine nicht wirklich ketogene Diät. Die reduzierte Kohlenhydratenergie wird durch Eiweißenergie ergänzt (s. Abschnitt 6.3, »Eiweißreiche Diät«).

Biochemie der metabolischen Ketose und der ketogenen anabolen Diät

Durch die stark reduzierte Kohlenhydratversorgung wird in den ATP-bildenden Zellen der inneren Organe und der Muskulatur der Zitronensäurezyklus gehemmt. Acetylkörper – aus der β-Oxidation der Fettsäuren hervorgehend – können nicht weiter verstoffwechselt werden und verbinden sich in der Leber zu Ketonkörpern (Acetoacetat, β-Hydroxybutyrat) (Elia et al. 1990). Reichern sich diese Ketone im Blut an, entsteht eine metabolische Ketose. Bedingt durch eine dauerhafte Reduzierung der Nahrungskohlenhydrate stellt sich der Stoffwechsel auf die energetische Nutzung der Ketonkörper um (Balasse u. Fery 1989). Diese Umstellung vom Kohlenhydratstoffwechsel zum Fettstoffwechsel erfolgt in mehreren Phasen:

- Bedingt durch die kohlenhydratarme Ernährung sinkt der Blutzuckerspiegel. Der Körper beginnt, die vorhandenen Glykogenspeicher der Muskulatur und der Leber anzugreifen. Sind die Glykogenreserven verbraucht, sinkt der Blutzuckerspiegel. Die Bauchspeicheldrüse reduziert dementsprechend die Insulinausschüttung (Phinney et al. 1980). Im Gegenzug steigt der Glucagonspiegel. Dieser bewirkt, dass die fett einlagernde Lipoproteinlipase inhibiert wird. Die Einlagerung von Fetten in das Fettgewebe wird reduziert. Parallel dazu nimmt die Aktivität der hormongesteuerten Lipase zu. Die Freisetzung von Fetten aus dem Fettgewebe wird gefördert. Weiterhin mindert Glucagon die insulinabhängige Hemmung von Carnitin. Die freigesetzten Fettsäuren des Fettgewebes werden schneller in die Mitochondrien geschleust und verstoffwechselt.

- In der nachfolgenden Phase unterliegen sowohl das Fett- als auch das Muskelgewebe einer katabolen Stoffwechsellage. Verantwortlich dafür sind die Glucocorticoide (Cortisol) (Langfort et al. 1996). Der Organismus ist bestrebt, alle mit Glucoseenergie versorgten Gewebe auch weiterhin mit Glucose zu versorgen. Dementsprechend werden Aminosäuren (vor allem Alanin) aus der Muskulatur freigesetzt und über Gluconeogenese zu Glucose konvertiert (Fraser et al. 2000).

- Die Bereitstellung der benötigten Energie über Gluconeogenese ist für den Organismus langfristig uneffektiv, da bei der Synthese von Glucose aus Glycerin und Aminosäuren erheblich mehr Energie verbraucht wird als bei der energetischen Nutzung der Ketonkörper. Allmählich stellt sich der Körper auf die Nutzung der Ketone um, sodass nur noch Gehirn, Augennetzhaut und Nieren – für diese Organe bzw. Gewebe galt Glucose als essenziell - mit Glucose aus der Gluconeogenese versorgt werden. Aus verschiedenen Studien und Schriften geht jedoch hervor, dass auch Gehirn, Herz und Nieren Ketonkörper utilisieren können (De Vivo et al. 1967; King u. Veech 1998). Die katabolen Glucocorticoide werden nicht mehr benötigt, und die katabole Stoffwechsellage der Muskulatur wird aufgehoben. Der Abbau der Ketonkörper liefert dem Körper jedoch weniger Energie als ein vergleichbares, durch β-Oxydation und Zitronensäurezyklus umgesetztes Äquivalent an Fetten. Für die Energiegewinnung aus Ketonen müssen dementsprechend mehr Fette herangezogen werden, und körpereigenes Fettgewebe wird abgebaut.

- Parallel zur effizienteren Energiegewinnung setzt mit dem Aktivieren des Fettstoffwechsels eine Erhöhung des Spiegels der anabolen Hormone Testosteron und Wachstumshormon (STH) ein. Während Insulin als anaboles Hormon des Kohlenhydratstoffwechsels wirkt, setzt eine verstärkte Ausschüttung von Testosteron und STH erst bei Aktivierung des Fettstoffwechsels ein. Diese beiden Hormone sind vom Fettstoffwechsel abhängig. Je weniger Fett in der aufgenomenen Nahrung enthalten ist, desto niedriger ist der Testosteronspiegel. Durch die Zuführung von Nahrungsfetten als Energieträger und das Bereitstellen von Eiweißen als Baustoff kann der Organismus mit Hilfe des erhöhten Spiegels anaboler Hormone Muskelmasse auf- und Fettgewebe abbauen (Moller et al. 1995).

Die Ketonkörper Acetoacetat und β-Hydroxybutyrat stellen keine Abfallprodukte mit niedrigem physiologischen Wert dar. Vielmehr sind sie neben den Hauptenergieträgern Kohlenhydraten und Fetten eine alternative Energieform für den Menschen, wenn Fett- und Kohlenhydratenergie über den Zitronensäurezyklus nicht mehr zur Verfügung stehen (Elia 1990 et al.).

Ketose und Immunsystem

Bei der Darstellung des Einflusses ketogener Diäten auf das Immunsystem kann aufgrund der wenigen wissenschaftlichen Informationen keine eindeutige Befundlage erreicht werden. Der überwiegende Anteil der Literatur behandelt die ketogene Ernährung und Immunreaktionen im Tierversuch. Die in den Studien beschriebenen immunologischen Problemstellungen beziehen sich ausschließlich auf »High Fat Diets«, d.h. über den Immunstatus bei wirklich ketoseinduzierenden Diäten werden keine Angaben gemacht.

Es ist bekannt, dass eine sehr fettreiche Ernährung des Menschen zu immunsuppressiven Zuständen führt, die sich in einer gesteigerten Anfälligkeit gegenüber mikrobiologischen Infektionen sowie einer Zunahme von Wundinfektionen (60–70 %) äußert. Bei gleichzeitig übermäßigem Cholesterinkonsum verringert sich die Aktivität krebszellzerstörender Phagozyten

Bei Nagetieren wirkte sich diese fettinduzierte Immunsuppression sowohl auf spezifische als auch unspezifische Immunfunktionen negativ aus (Wojcicki et al. 1992). Bei einem hohen Anteil gesättigter Fettsäuren kommt es verstärkt zu Autoimmunreaktionen (Morrow et al. 1985)

wie thymozytotoxischer Aktivitäten über Antikörper aus der Klasse der IgM (Levy et al. 1982) oder erhöhte Anti-Cardiolipin-Antikörper, die über Kreuzreaktionen mit kritisch bewerteten Phospholipiden (z.B. Phosphatidylserin) wirken (Fong Lin et al. 1997). Im Allgemeinen kann gesagt werden, dass durch »High Fat Diets« veränderte Werte an Immunglobulinen (IgM, IgG, IgA) sowie erhöhte Werte an T-Helferzellen, Interleukin 6, Tumornekrosefaktor und Prostaglandin E2 gemessen werden (Fong Lin et al. 1996). Darüber hinaus nimmt die Aktivität von phagozytierenden Makrophagen und Killerzellen ab (Barreto et al 2000; Morrow et al. 1985). Wird die »High Fat Diet« hypokalorisch verabreicht, äußert sich dies in einer Inhibierung der epidermalen Proteinkinase Cα aber ohne ersichtlichen Einfluss auf die Kanzerogenese (Birt et al. 1995). Neben dem Fettgehalt der Diät ist die Zusammensetzung der Lipide für die Immunologie entscheidend, da gesättigte Fette den Immunstatus eher verschlechtern als ungesättigte Fette (Fong Lin et al. 1997; Levy et al. 1982).

Die veränderte Aktivierung von mikrosomalen Enzymen zur Detoxifizierung (Cytochrom P450, EROD, Glu-P-1) während einer metabolischen Ketose ist bei Säugetieren artenspezifisch und nicht als immunologische Akutantwort auf Ketoseschäden zu deuten (Shavila et al. 1994).

Aus den Studien geht nicht hervor, wie eine »High Fat Diet« definiert ist. Eine fettreiche Mischkost ist mit einer wirklichen fettreichen Diät nicht vergleichbar, und die Beachtung einer Umstellungsphase von kohlenhydrat- zu fettreicher Ernährung, in welcher der Körper gestresst wird und veränderte Immunparameter aufweist, findet ebenfalls keine Beachtung.

Einfluss auf Erkrankungen

Durch die metabolische Ketose ausgelöste Stoffwechselprozesse und Änderungen im Hormonhaushalt können zu einer Besserung nachfolgend aufgezählter manifester Erkrankungen führen. Die ketogene Diät wird in England und den Vereinigten Staaten bereits erfolgreich an Krankenhäusern praktiziert. In Tabelle 6.2 werden zu verschiedenen Krankheitsbildern die Befunde zusammengestellt.

Tabelle 6.2: Ketogene Diät in der medizinischen Therapie

Adipositas	Mit der reduzierten Ausschüttung von Insulin und dem steigenden Glucagonspiegel wird die fetteinlagernde Lipoproteinlipase gehemmt. Die parallel dazu aktivierte hormongesteuerte Lipase setzt Fette aus dem Gewebe frei. Durch die verhältnismäßig niedrige Energiebereitstellung über Ketonkörper im Vergleich zum Abbau über den Zitronensäurezyklus müssen mehr Fette herangezogen werden, um die nötige Energie für die Aufrechterhaltung aller Stoffwechselprozesse zu gewährleisten. Mit zunehmender Lipolyse wird das Fettgewebe reduziert (Balasse et Fery 1989; Cooney et al. 1983; Daily u. Cha 2000; Haymes et al. 1985; Volek et al. 2000; Wing et al. 1995). Dieser Effekt stellt sich selbst bei isokalorischer Energiezuführung ein (Daily u. Cha 2000).
Epilepsie	Die Wirkungsmechanismen einer Ketose auf den Verlauf einer epileptischen Erkrankung sind noch nicht genau geklärt. Sicher ist jedoch, dass eine Minderung der Anzahl und der Intensität epileptischer Anfälle erreicht wird. In Veröffentlichungen werden Reduzierungen der Anzahl akuter Anfälle um bis zu 50% beschrieben. Genutzt wird diese Therapie bei pharmakaresistenten Patienten (Magrath et al. 2000; Nebeling u. Lerner 1995; Schwartzkroin 1999; Tallian et al. 1998; Vining 1999; Withrow 1980).
Krebs	Krebszellen wird durch die Hemmung des Kohlenhydratstoffwechsels die zum Wachstum und zur Teilung nötige Glucose entzogen. Dieser in der Krebszelle induzierte Energiemangel führt zu einer Wachtumsminderung. Diese Hemmung ist offensichtlich nicht krebsspezifisch (Nebeling u. Lerner 1995).
Arteriosklerose	Durch die Bereitstellung der Energie aus Ketonen werden über die Nahrung aufgenommene und aus dem Fettgewebe freigesetzte Fette schnell verstoffwechselt. Die Plasmakonzentration an Triglyzeriden (Volek et al. 2000) und zum Teil auch des Gesamtcholesterins wird gesenkt. Damit wird die potenzielle Gefahr endogener Fettoxidation und Fettablagerung vermindert. Voraussetzung dafür ist jedoch eine optimale Zusammenstellung von ketogenen Lebensmitteln (Elliot et al. 1981).

Risiken der anabolen ketogenen Diät

Zur Durchführung einer ketogenen Diät sind genaue Kenntnisse über Lebensmittel, ihrer Zusammensetzung und Wirkung im Körper notwendig. Da 20 bis maximal 40 g (80–160 kcal) Kohlenhydratverzehr pro Tag nicht überschritten werden dürfen, scheiden viele Lebensmittel des täglichen Bedarfs aus. Die Versorgung mit Energie und Nährstoffen erfolgt über reine Eiweiß- und Fettlieferanten sowie fetteiweißhaltige Lebensmittel. Diese Einschränkung bedeutet aber, dass über kohlenhydrathaltige Lebensmittel mitgeführte Mikronährstoffe und bioaktive Substanzen in der Ernährung fehlen. Vitamine, Mineralstoffe, Ballaststoffe und pflanzliche Sekundärmetaboliten müssten supplementiert werden, um langfristige Gesundheitsschäden zu vermeiden. Die für die ketogene Diät »erlaubten« Lebensmittel enthalten oftmals Stoffe, die im Sinne einer gesunden Ernährung niedrig zu halten sind. Der Verzehr solcher Substanzen würde im Fall verstärkten Fett- und Eiweißkonsums mit ansteigen (Cholesterin, Purine, Amine, trans-Fettsäuren). Die schädigenden Auswirkungen der einzelnen Parameter einer fehlgestalteten Diätzusammensetzung sind in zahlreichen Studien dargestellt (Barreto et al. 2000; Brown 1986; DGE 1990-2000 a, 2000 b; Elliot et al. 1981; Gresser et al. 1990; Hermus et al. 1979; Hryniewiecki et al. 1990; Katan et al. 1994; Segal u. Segal 1985; Siebert 1981; Spiller 1993; Zock et al. 1998).

Zur Kontrolle der möglicherweise ausgelösten Störungen wurden Personen, die an einer ketogenen Diät teilnahmen, auf entsprechende Parameter hin untersucht. Herz, Leber, Nieren und Magen-Darm-Trakt zeigten normale Funktion. Die analysierten ketosebedingten Blutwerte (Ketonkonzentration, Mineralstoffe, organspezifische Enzyme und deren Aktivität, Stoffwechselmetaboliten) lagen im physiologischen Bereich (Phinney et al. 1980, 1983 a, b). Lediglich auf eine leichte Lethargie während der Umstellungsphase und auf die mögliche Entstehung von Nierensteinen wurde hingewiesen (Phinney et al. 1983 a, b; Vining 1999). Die theoretischen Gefah-ren einer über die Ernährung induzierten Ketose konnten nicht bestätigt werden. Personen, die sich die Lebensmittel für eine ketogene Diät selbst wählten, konsumierten dabei überdurchschnittlich viel gesättigte Fettsäuren und Cholesterin. Daraus resultierte ein Anstieg an Serum-LDL-Cholesterin und Serumtriglyzeriden. Der antiarteriosklerotische Effekt könnte damit ins Gegenteil umschlagen (Elliot et al. 1981).

Die endogene Synthese der Ketonkörper unterliegt einem Sättigungsmechanismus. Acetoacetat (Acac) und β-Hydroxybutyrat (βHb) wirken mit zunehmender Konzentration (in Blut und Gewebe) antiketogen (Koeslag 1982). Ab einem bestimmten Sättigungsgrad stellt die Leber die Ketonbildung ein. Gleichzeitig wird durch die Ausschüttung von Insulin die Freisetzung von Fetten aus dem Gewebe gehemmt, die zur Ketonbildung zur Verfügung stehen (Balasse u. Fery 1989). Überschüssige Ketone werden mit der Atemluft und dem Urin abgegeben sowie durch entsprechende Puffersysteme im Blut neutralisiert. Bei Ratten konnte nachgewiesen werden, dass der pH-Wert des Gehirns im Zustand der metabolischen Ketose nicht verändert wird (Al-Mudallal et al. 1996).

Acac und βHb sind neben Glucose und der direkten Nutzung der Fettsäuren wichtige Energieträger (Elia et al. 1990). Sie werden genutzt, wenn durch Glucosemangel (Diabetes, Fasten, nach starker körperlicher Belastung) keine anderen Energieformen zur Verfügung stehen. Die Bildung und energetische Nutzung von Ketonkörpern ist ein normaler physiologischer Prozess. Der Blutspiegel der Ketone ist bei einem gesunden Menschen mit metabolischer Ketose niedriger als bei den unkontrollierten Ketoazetosen von Diabetikern (Langfort et al. 1996). Schädigungen des gesunden Organismus sind bisher nicht bekannt geworden (Balasse u. Fery 1989; Daily u. Cha 2000).

Während über die Anwendung und Folgen ketogener Diäten für medizinische Zwecke wissenschaftliche Darstellungen vorhanden sind, liegen zur Nutzung im Sport und der Leistungsernährung neben einigen Anwendungsbeispielen (Arndt 1998; Di Pasquale 1995) keine Veröffentlichungen vor. Die Angaben in Studien und der wissenschaftlichen Literatur über iso- und hyperkalorische ketogene Diäten lassen keine statistisch abgesicherten Bewertungen über die Vorteile und Nachteile einer metabolischen Ketose für die körperliche Leistung und Gesundheit zu. Nicht alle potenziellen Anwender einer solchen Ernährungsform sind gesundheitlich bzw. stoffwechselmäßig in der Lage, eine Ketose ohne gesundheitliche Schäden zu nutzen. Bereits während der Umstellung auf die Ketose können Lethargie, Benommenheit, Euphorie, Erbrechen und Leistungseinbußen eintreten. In diesem Zustand ist es schwer zu erkennen, welche Person diese Umstellungsphase unbeeinträchtigt passiert oder das Risiko ketosebedingter gesundheitlicher Schäden (z.B. Bewusstlosigkeit) trägt.

Zur Überprüfung bzw. zur wissenschaftlichen Bewertbarkeit des Einsatzes der ketogenen Diät in der Sporternährung ist eine Anwendungsforschung sowie eine medizinische Überwachung unumgänglich. In Bezug auf die Risiken müssen klinisch-chemische Parameter kontrolliert werden, die den Ernährungsstatus, die Abweichung vom physiologischen Optimum sowie die akute und chronische Wirkung (z.B. Organtätigkeit, Enzymsysteme) dokumentieren. Weiterhin ist der direkte Vergleich zwischen den sportlichen Leistungen nötig. In diesem Fall würde der ketogenen Diät die kohlenhydratreiche fettarme Diät und/oder die eiweißreiche fettarme Diät gegenüberstehen.

Aus diesen Ergebnissen können Maßnahmen abgeleitet werden, die dem Sportler die Entscheidung im Bezug auf die Nutzen-Risiko-Analyse, die richtige Anwendung oder Ablehnung, die Lebensmittel- und Supplementauswahl sowie dem Ernährungswissenschaftler die ernährungstechnische Begleitung des Sportlers erleichtern können.

Bei einem gesunden Menschen sind akute oder chronische Schädigungen nicht zu erwarten. Dennoch sind Risiken vorhanden, und nicht jede Person ist physiologisch und psychisch in der Lage, die metabolische Ketose zu nutzen.

Anwendung in der Sporternährung

Neben der Beeinflussung von Erkrankungen finden modifizierte Formen der ketogenen Diät auch in der Sporternährung Anwendung. Als wichtigste Punkte gelten hier der Aufbau fettfreier Muskelmasse sowie die Leistungssteigerung im anaerob-laktaziden Bereich der Energiefreisetzung. Im Zustand der Ketose sind im Ausdauerbereich Leistungseinbußen zu verzeichnen (Cooney et al. 1983; Haymes et al. 1985). Voraussetzung ist deshalb die regelmäßige Unterbrechung der Ketose mit einer Phase kohlenhydratreicher Ernährung, um den Effekt der Superkompensation von Glykogen in der Muskulatur zu unterstützen.

Die anabole ketogene Diät nach Di Pasquale (Di Pasquale 1995) ist die im Allgemeinen angewendete Form im Kraftsport. Sie zeichnet sich durch den Wechsel einer 5-tägigen ketogenen Phase mit einer 2-tägigen Phase kohlenhydratreicher Ernährung aus.

Bei einer regelmäßig verzehrten kohlenhydrathaltigen Kost ist Insulin entscheidend für den Muskelaufbau. Gleichzeitig ist der Testosteronspiegel erniedrigt. Nach DiPasquale soll mit zunehmendem Verzehr von Nahrungsfetten und Cholesterin und der damit einhergehenden Insulinhemmung der Blutspiegel fettstoffwechselabhängiger Steroidhormone (Testosteron, STH) ansteigen. Auch Stresssituationen sollen die Testosteronausschüttung fördern. Als Stress kann dabei ein intensives Training, aber auch ein plötzlicher Anstieg des Blutzuckers mit entsprechend hohem Insulinausstoß definiert werden. Zur Erhöhung des Spiegels anaboler Steroidhormone und der vollständigen »Entleerung« der Glykogenspeicher soll die ketogene Phase dienen. Die Spanne von 5 Tagen soll genügend Zeit zur Fettverbrennung und zum Muskelaufbau garantieren. Die zeitliche Begrenzung der kohlenhydratreichen Phase soll eine insulinbedingte Einlagerung von Kohlenhydraten als Fett verhindern, wenn die Glykogenspeicher gefüllt sind. Für Sportler mit schnellem Fettansatz und schnellem Glykogenbildungsvermögen wird die Verkürzung der kohlenhydratreichen Phase auf 1 Tag empfohlen. Mit der Kürze dieser Phase soll auch vermieden werden, dass der Organismus zu lange ohne Ketose arbeitet und deshalb der Rücksprung von der kohlenhydratreichen zur ketogenen Phase physiologisch erschwert wird.

Der plötzliche Anstieg des Blutzuckerspiegels und die entsprechend starke Insulinantwort stellen für den Organismus einen Stressfaktor dar, der trotz kohlenhydratreicher Phase zur Ausschüttung von Testosteron führt. Als Resultat zeigt sich, dass in der Ketose Testosteron und in der kohlenhydratreichen Phase gleichzeitig Insulin und Testosteron die anabole Stoffwechsellage begründen.

Der Phasenwechsel soll demnach eine Maximierung und Kombinationswirkung körpereigener anaboler Hormone auslösen.

Die klassische Form der Superkompensation von Glykogen in der Muskulatur wird durch eine kohlenhydratreiche Ernährung und das Verbrauchen der Glykogenreserven im Training erreicht. Durch Belastung einer Muskelgruppe werden deren Glykogenspeicher entleert. Bei dauerhafter kohlenhydratreicher Ernährung setzt aber kein vollständiger Verbrauch des Muskelglykogens ein. Nichtbeanspruchte Muskeln sind von Kompensationseffekten ausgeschlossen (Bergström u. Hultman 1966).

Im Stadium der Umstellung zur zunehmend ketogenen Stoffwechsellage werden auch die Glykogenspeicher nichtbeanspruchter Muskelgruppen verbraucht. Dementsprechend stark ist die Wiederauffüllung der Glykogenspeicher während des Einschaltens kohlenhydratreicher Phasen. Durch den Wechsel von fett- und kohlenhydratreicher Phase ist eine Füllung der Glykogenspeicher bis auf ca. 4 g Glykogen pro 100 g Muskelfrischmasse möglich (Bergström et al. 1967; Nöcker 1987). Das bedeutet für den Sportler eine längere Leistungsbereitschaft im anaerob laktaziden Bereich der Energiefreisetzung (Saltin u. Karlsson 1972). Zudem wäre ein Kraftzuwachs im anaerob-alaktaziden Bereich der Energiefreisetzung möglich, da stark gefüllte Glykogenreserven schneller aktivierbar sind und offensichtlich eine schnellere Regeneration energiereicher Phosphate (ATP, Kreatinphosphat) bewirken. Die ketogene anabole Diät stellt somit auch eine extreme Ernährungsstrategie in Bezug auf die Superkompensation der Glykogenspeicher dar.

Die Effekte der ketogenen Diät auf Leistung und Gesundheit setzen nach den Angaben populärwissenschaftlicher Literatur (Arndt 1998; Di Pasquale 1995; Eades 1996; Sears 1995) und Anwenderaussagen nach 4–6 Wochen ein. Selbst nach 3 Monaten sollen noch leistungssteigernde Effekte möglich sein. Der Muskelverlust bei einer ketogenen Reduktionskost soll mit 10 % wesentlich niedriger liegen als der Verlust von 40 % über eine kohlenhydratbetonte Reduktionskost. Für diese Aussagen gibt es jedoch keine wissenschaftlichen Belege.

In einer Studie konnte gezeigt werden, dass das maximale Sauerstoffaufnahmevolumen während der Ketose erhöht ist, um die vom Körper benötigte Energiemenge bereitzustellen (Langfort et al. 1996), d.h. die Energieausbeute über Ketogenese und Ketolyse ist weniger effizient als über den Zitronensäurezyklus. Der Körper verbraucht mehr Sauerstoff zur Verstoffwechselung der Fette in der Ketose. Bei gleichbleibendem Sauerstoffaufnahmevolumen würde das eine verminderte Energiebereitstellung bedeuten.

Sportler setzen ketogene Diäten in der Wettkampfvorbereitung, zur langfristigen Gewichtsregulation, zur Beeinflussung der Körperzusammensetzung sowie zur Leistungssteigerung ein. Die Effekte der Ketose auf Muskelwachstum, Kraft- und Ausdauerleistung wurden jedoch bisher nicht wissenschaftlich belegt. Eine Quantifizierung, welche Rolle die ketogene

Diät zur Zeit in der Sporternährung spielt, kann aufgrund fehlender Angaben und Statistiken nicht gemacht werden.

Sinnvoll scheint die ketogene Diät nur in der Wettkampfvorbereitung für ektomorphe, mesomorphe und dazwischen liegende Stoffwechseltypen zu sein, die durch reichlichen Kohlenhydratverzehr sowie fett- und zuckerhaltige Lebensmittel schnell Fettgewebe ansetzen. Weiterhin empfiehlt sich diese Form der Ernährung nicht im Ausdauersport. Für die Superkompensation gibt es weniger anstrengende Möglichkeiten.

Zur Überwachung des körperlichen Befindens sind dabei die Konzentrationsfähigkeit, das subjektive Wohlbefinden, die körperliche Leistungsfähigkeit, die Bluttfettwerte sowie Acetoacetat und β-Hydroxybutyrat im Blut zu überprüfen. Übersäuerung und die Ausbildung extrem hoher Cholesterinspiegel sollten als Zeichen einer Unverträglichkeit und daraus folgend zum Überdenken der Diät gewertet werden.

Personen mit diabetischen Stoffwechselproblemen dürfen ketogene Diäten nicht anwenden!

Die Umstellung auf die Ketose dauert ca. 4 Wochen, wobei die ersten 14 Tage mehr oder weniger unangenehm verlaufen. Größtes Problem ist oftmals der Zuckerhunger, der psychisch stark belasten kann. Ist diese Phase überwunden und treten keine Gesundheitsschädigungen auf, setzen allmählich die förderlichen Effekte ein. Man sollte einen Zeitraum von 2–3 Monaten einplanen, um optimale Effekte zu erzielen. Grundsätzlich müssen Ernährungsumstellungen im Basistraining geübt werden. Der Einsatz in der Wettkampfvorbereitung erfolgt erst dann, wenn die praktische Umsetzung kein Problem mehr darstellt. Zum Üben reicht es, die Umstellungsphase zu überwinden und die Leistung und die Körperzusammensetzung 1–2 Wochen danach zu beobachten. Werden ketogene Diäten längere Zeit nicht genutzt, muss damit gerechnet werden, dass sich die Umstellungsphase verlängert. Dementsprechend muss ein ausreichender Zeitraum zur Wettkampfvorbereitung eingeplant werden.

Die wichtigsten Lebensmittel für die ketogene Diät sind Käse, Wurst, Fleisch, Geflügel, Fisch, Butter, Eier, Tofu- u. andere Sojaeiweißprodukte, kohlenhydratfreie Eiweißpräparate, Nüsse, Schmalz, Öle, Tee, Wasser, Kräuter, Gewürze und zuckerarme niedrigglykämische Gemüsesorten.

Cola light ist prinzipiell möglich, sollte aber wegen des hohen Phosphorgehaltes gemieden werden. Mineralstoffe (vor allem Chrom) und Vitamine müssen supplementiert werden.

Eine Chromsupplementierung gilt als notwendig, um die Sensibilität der Insulinrezeptoren aufrechtzuerhalten und prädiabetischen Symptomen vorzubeugen. Diese Annahme resultiert aus der Heilung von Diabetikern, die Atkins mit ketogener Diät, Chrom- und Zinksupplementen behandelte. Ob die Zuführung auch bei gesunden Menschen notwendig ist, bleibt fraglich. Chrom ist in ausreichenden Mengen in den verschiedensten Lebensmitteln enthalten. Gleichzeitig sei daran erinnert, dass Naturvölkern keine Supplemente zur Verfügung stehen und trotz getreidearmer Ernährung keine Schäden bekannt sind.

Auch Ballaststoffe müssen extra zugeführt werden, da diese ballaststoffarme Kostform sonst zu Obstipation führt. Geeignet scheinen Leinsamen (unzerkaut, leicht gequollen in Wasser trinken), Nüsse und Pektin (in Wasser oder Tee ansetzen und trinken).

Problematisch ist die durch die Lebensmittel (verarbeitete Fleischwaren) bedingte hohe Zufuhr an Kochsalz. Wenig zusätzliche Salzzufuhr und reichlich Flüssigkeitsaufnahme sind deshalb unerlässlich.

Die ketogene Diät ist eine Extremdiät im Bereich der Leistungsernährung und sollte geübten Sportlern vorbehalten sein. Neueinsteigern empfiehlt sich die Kontaktaufnahme mit einem erfahrenen Arzt oder Trophologen. Wie schon erwähnt, müssen bei wirklich ketogenen Diäten Vitamine, Mineralstoffe und Ballaststoffe supplementiert werden. Diese Ergänzung ist auf die Dauer nicht als wirklich gesundheits- und leistungsfördernd einzuschätzen. Deshalb sollte zwischen den Phasen ketogener Diäten auf eine High Fat Diet umgestellt werden, bei der genügend Obst und Gemüse erlaubt sind.

Im Falle reichlichen Verzehrs gebratener und gepökelter Lebensmittel ist auf eine gesicherte Vitamin-C-Zufuhr zu achten, um die Nitrosaminbildung durch Pökelsalze zu minimieren.

Als Anwendungsbeispiel ist nachfolgend ein Ernährungsplan einer ketogenen Diät (für 1 Tag) bilanziert: 3000 kcal, davon 66 % Fett (223 g), 2,7 % Kohlenhydrate (20 g), 31 % Eiweißenergie (228 g), Ballaststoffe 30 g, Cholesterin 1,6 g (Tab. 6.3)

Tabelle 6.3: Ernährungsplan einer ketogenen Diät

1. Frühstück	2 Portionen Rührei mit Schinken 400 g, grüner Tee
2. Frühstück	Nüsse 25 g, Kokosraspel 50 g, Käse (> 40 % Fett i.T.) 50 g
Mittag	Kochfisch 300 g, Kopfsalat 100 g, 2 Esslöffel Leinöl 24 g, Tee/Mineralwasser
Nachmittag	Leinsamen 25 g, Knackwurst 150 g
Abendbrot	2 Portionen Steak 250 g, Leinsamen 25 g, Oliven 50 g, Zitrone (frisch) 50 g, Kräutertee
	mindestens 2 l Wasser über den Tag verteilt

Der Ballaststoffanteil kann durch die Supplementierung von Pektin und Inulin (jeweils 1 Esslöffel in heißem Wasser oder Tee lösen) erhöht werden. Durch die Ergänzung eines Multivitamin-Mineralstoff-Komplexes wird die Imbalance der Mikronährstoffe ausgeglichen, obwohl durch die angegebene Beispieldiät keine Mangelsymptome entstehen dürften.

Da bei einer ketogenen Diät viel Fisch verzehrt werden sollte, sind auch Jodmangelerscheinungen nicht zu erwarten. Aufgrund des hohen Cholesteringehaltes dieser Diät sollten Blutfettkontrollen erfolgen. Bei stark ansteigendem Cholesterinspiegel ist eine Fortsetzung zu überdenken! Bei ketosetoleranten Stoffwechseltypen ist aber eher eine Abnahme des Gesamtcholesterins zu erwarten.

Zur Erleichterung der Durchführung empfiehlt es sich, die Lebensmittel für den folgenden Tag bereitzulegen bzw. auch vorzubereiten, sodass am Tag nicht weiter über die Diät nachgedacht werden muss. Die Ernährungsform alleine ist schon anstrengend. Zusätzliche Belastungen in Form ständigen Nachdenkens führen nur zum Abbruch. Gute Planung zu Beginn macht sich hier bezahlt.

Ein Fehler bei der Umstellung von kohlenhydratbetonter Kost zu ketogenen Ernährungsformen ist die hypokalorischer Energiezufuhr. Nicht selten werden die unangenehmen »Nebenwirkungen« in der Umstellungsphase durch Hunger ausgelöst. Ein Sattessen sollte deshalb, unabhängig vom Ziel, als schonende Maßnahme der Umstellung beachtet werden.

Eiweißketogene Diäten sind streng hypokalorische eiweißreiche Kostformen. Aufgrund der Energiereduktion wird die Zufuhr von Kohlenhydraten (und Fetten) minimiert. Bei Unterschreitung einer Kohlenhydratmenge von 20 g pro Tag kann eine Ketose ausgelöst werden. Genauere Angaben zur Anwendung werden im Kapitel Stoffwechselaktivität gemacht (6.9).

6.2 Fettreiche Diäten

Die Abgrenzung von fettreichen zu ketogenen Diäten liegt im höheren Anteil der Kohlenhydrat(energie). Der Eiweißenergiegehalt liegt über 20 %. Im Gegensatz zur dauerhaften ketogenen Stoffwechsellage einer strikten ketogenen Diät ist die Ketose bei fettreichen Diäten nur vorübergehend – vor allem während und nach intensiven Leistungen. Bekannt ist dieser Zustand als »Post Exercise Ketosis«, der selbst bei kohlenhydratreicher Ernährung nachweisbar ist.

Sinnvoll sind fettreiche Diäten für den kohlenhydratintoleranten endomorphen sowie den zum verstärkten Fettansatz neigenden mesomorphen Typ.

Viele Kraftsportler, die ihrer Meinung nach ketogene Diäten durchführen, nutzen tatsächlich die fettreiche Diät. Ketosen treten zum Teil nur bei strikter Kohlenhydratreduktion ein. Die erwähnten ketogenen Diäten nach Sears und Eades sind demnach auch nicht als wirkliche ketogene Diäten einzustufen.

Die Effekte auf Körperzusammensetzung und Leistungsbereitschaft entsprechen im Wesentlichen denen der ketogenen Diät, nur in abgeschwächter Form. Die Kohlenhydratreduktion bewirkt infolge des niedrigen Insulinspiegels und anschließender Reaktionen eine Lipolyse des Fettgewebes.

Aus einigen Schriften geht hervor, dass Bluthochdruck, Hyperlipoproteinämien und auch Diabetes in der Entstehung gehemmt bzw. geheilt werden können. Dr. Atkins (Atkins 1972, 1996) konnte mit kohlenhydratreduzierter Ernährung über 50 % seiner Diabetespatienten von Insulininjektionen und über 90 % von oraler Medikation unabhängig machen.

Ein weiterer Vorteil der fettreichen Ernährung ist die verminderte Gefahr der Bildung von Zuckersäuren im Mundraum. Die Zahnsteinentstehung wird reduziert und Karies vorgebeugt.

Wie bei ketogenen Diäten muss eine Übergangsphase eingeplant werden. Anfänglich wird der Appetit auf süße Lebensmittel eine psychische Belastung darstellen und Zweifel am Wirken einer solchen Kostform hervorrufen. Erste Gewichtsverluste sind auf den Glykogenabbau und die damit verbundene Wasserfreisetzung aus der Muskulatur zurückzuführen.
Nach vollzogener Umstellung bleibt der Drang nach süßen Speisen aus. Müdigkeit, wie nach dem Konsum kohlenhydratreicher Mahlzeiten, fehlt. Erfahrungswerte bezeugen eine kontinuierliche Leistungsbereitschaft des Körpers. Selbst geistig anstrengende Arbeiten, die intensive Konzentration benötigen, stellen nach der Gewöhnung kein Problem dar.

Fettreiche Diäten können im Gegensatz zu ketogenen Diäten auch vom Ausdauersportler genutzt werden, da sich der erlaubte Kohlenhydratanteil strategisch günstig über den Trainingszeitraum konzentrieren lässt.

Der Energieanteil der Kohlenhydrate fettreicher Kostformen liegt bei 20–30 %, dabei sind 30 % möglich (z.B. bei Übergangsdiäten oder der Schwellenfindung, s. Abb. 6.2). Eine obere Grenze von 20 % sollte für einen Erfolg in der Praxis jedoch nicht überschritten werden. Die prozentuale Angabe gilt für Energieaufnahmen bis ca. 2000 kcal. Danach dürften bis zu 100 g Kohlenhydrate pro Tag verzehrt werden. Ab 3000 kcal Energiebedarf sollte zur Wirkungsverstärkung eine Gesamtmenge von 150 g Kohlenhydraten pro Tag als Richtwert dienen. Falls eine Lipolyse des Fettgewebes ausbleibt, muss der Kohlenhydratanteil bis auf 50 g pro Tag vermindert werden. Ist eine weitere Reduzierung der Kohlenhydratenergie nötig, befindet sich der Nutzer bereits im Anwendungsbereich einer ketogenen Diät. Nach erfolgter Fettgewebereduzierung kann der Kohlenhydratanteil, ähnlich der Atkins-Diät, angehoben werden. Eine strategische Verteilung dieser Kohlenhydratmengen kann dabei von Vorteil sein.

Fettreiche Reduktionsdiäten sollen im Bezug auf den Körperfettabbau effizienter sein als kohlenhydratreiche. Diese Wirkungsweise wurde bereits 1957 in einer Studie von Kekwick und Pawan geschildert.

Lebensmittelauswahl

Im Wesentlichen wird die fettreiche Ernährung wie die ketogene Diätführung gestaltet. Fleisch, Geflügel, Fisch, Eier, Schmalz, Butter, Öle und Tofu decken den Eiweiß-, Fettsäure- und Energiebedarf (Tab. 6.4).

Die zugeführten Kohlenhydrate stammen hauptsächlich aus frischem Gemüse und Obst sowie, wenn auch äußerst begrenzt, aus Milch- und Milchprodukten, Vollkornbrot und Müslis. Konzentrierte Kohlenhydrate sind zu meiden (ausgenommen bei strategischem Einsatz). Vitamine, Mineralstoffe, Spurenelemente und bioaktive Substanzen können über herkömmliche Lebensmittel aufgenommen werden, und eine Supplementierung entfällt. Eine zusätzliche Ergänzung in der Umstellungsphase kann dennoch vorteilhaft sein.

Tabelle 6.4: Lebensmittelauswahl bei fettreicher Ernährung

Bedarfsdeckung hauptsächlich über	Fleisch, Wild, Geflügel, Eier, Fisch, Meeresfrüchte, Tofu und andere Sojaeiweißprodukte, Käse, Wurst, Schmalz, Nüsse, Öle, Oliven, Leinsamen, Sonnenblumenkerne, Pilze, Kohlgemüse, Salate, Radieschen, Auberginen, Zucchini, Möhren, Paprika, Kohlrabi, Tomate, Rettich, Zitrone, Kräuter, Gewürze, Knoblauch, Zwiebel, Ingwer, Gemüsesäfte, Mineralwasser, Tee (Gemüse möglichst frisch konsumieren)
Bedarfsdeckung seltener über	Milch, Buttermilch, Naturjoghurt, Speisequark, Vollkornbrot, Vollkornmüsli, Erbsen, Bohnen, Linsen
Zu meiden sind	Toastbrot, helles Brot, helle Brötchen, Graubrot, Weißbrot, Hefezöpfe, Honig, Zucker, Konfitüren, Marmelade, Schokolade und Süßigkeiten, Chips, Kartoffeln, Nudeln, Reis, Cornflakes, Mehl, Kuchen, Kekse, Fruchtsäfte, Cola, Limonade, Eistee, Bier (Malzbier), Banane, Melone, Ananas

Risiken der fettreichen Ernährung

Durch den hohen Fett- und Eiweißkonsum bedingt, steigt die Aufnahme an Cholesterin und Purinen. Für den kohlenhydratintoleranten Stoffwechseltyp stellen diese als kritisch bewerteten Substanzen offensichtlich kein Problem dar. Personen, bei denen Harnsäure- und Cholesterinspiegel trotz Fettabbau und Muskelaufbau stark erhöht sind, sollten vorerst von einer Weiterführung der Diät absehen.

Theoretisch soll mit verminderter Insulinausschüttung eine Hemmung der körpereigenen Cholesterinsynthese erfolgen. Über diesen Weg ist es anscheinend möglich, Hyperlipoproteinämien und langfristig Arteriosklerose zu vermeiden. Anhand einiger Fallbeispiele konnten solche Effekte bereits dargestellt werden (s. auch Tab. 6.9).

Gesättigte Fettsäuren dienen als energetischer Ersatz für die reduzierten Kohlenhydrate. Ihre einzige Bedeutung liegt darin, verbrannt zu werden und gleichzeitig die insulinbedingte Hemmung der Fettfreisetzung aus dem Fettgewebe zu verhindern. Eine stark erhöhte Aufnahme von ungesättigten Fettsäuren über den Bedarf hinaus fördert die Bildung freier Radikale und Gewebeschäden im Körper. Zusätzlich steigt der Bedarf an Tocopherolen und anderen Antioxidanzien. So soll von ω-6-Fettsäuren (Sonnenblume, Soja) ein größeres Krebsrisiko ausgehen als von gesättigten Fettsäuren (Reddy et al. 1991; Willett et al. 1990). Die Kohlenhydrate vollständig oder größtenteils durch Pflanzenöle zu ersetzen, macht demnach ernährungsphysiologisch keinen Sinn (Das gilt auch für die ketogene Diät.).

Zu beachten ist, dass neben den herkömmlichen tierischen Fettträgern vor allem Fisch und Leinöl genutzt werden sollten. Die enthaltenen ω-3-Fettsäuren sollen über gesteigerte Leptinausschüttung einen verminderten Appetit und eine verstärkte Thermogenese bewirken. Selbst bei kohlenhydratbetonteren Kostformen bestände so die Möglichkeit, den Fettgewebezuwachs zu stoppen bzw. die Fettspeicher zu reduzieren (Cha et al. 1998; Couet et al. 1997; Delarue et al. 1996; Pelleymounter et al. 1995). Weiterhin sollte der Anteil ω-6-Fettsäure-haltiger Öle nicht übermäßig erhöht werden, um die Konkurrenz zu den ω-3-Fettsäuren zu mindern. Hohe Mengen ω-6-Fettsäuren hemmen den Stoffwechsel der ω-3-Fettsäuren und führen zu veränderter Synthese bzw. Aktivität von Thromboxanen, Leukotrienen und Interleukinen.

Fettreiche Diäten sind erst bei hohen Energiebedarfswerten sinnvoll, da eine bestimmte Menge an Obst und Gemüse zur Versorgung mit bioaktiven Substanzen auch einen Mindestanteil an Kohlenhydraten mitliefert. Bei niedrigkalorischen Diäten (< 1800 kcal) reichen diese Kohlenhydrate neben einer angemessenen Eiweißversorgung bereits aus, um den Energiebedarf zu decken. Unterhalb 1800 kcal sind fettreiche Diäten zwar praktisch umsetzbar, liegen dann aber eher im Anwendungsbereich eiweißreicher Ernährung.

Anwendung in der Sporternährung

Gute Trainingsleistungen trotz fettreicher Ernährung heißt, den Großteil der »erlaubten« Kohlenhydrate im täglichen Trainingszeitraum strategisch zu bilanzieren (Abb. 6.1). Für den Ausdauersportler würde dies bedeuten, die kohlenhydrathaltigen Lebensmittel mit der letzten großen Mahlzeit vor dem Training zu konsumieren und eventuell während der Leistung mit Dextroselösung zu supplementieren. Der Kraftsportler kann die insulinogene Wirkung der Kohlenhydrate direkt nach dem Aufstehen bzw. vor dem Frühstück oder direkt nach dem Training nutzen, um den Transport von Aminosäuren und anabolen Substanzen in die Muskulatur zu fördern. Der restliche Tag wird eiweiß- und fettreich gestaltet.

Abbildung 6.1: Strategischer Kohlenhydratverzehr bei fettreichen Diäten.

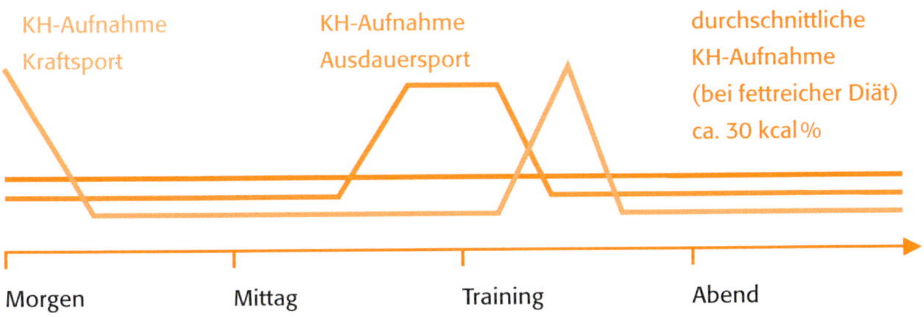

Nach der Nutzung von konzentrierten Kohlenhydraten (Traubenzucker, Maltodextrin) sollte ein genügend großer Zeitraum (ca. 1 Stunde) bis zur nächsten, nun wieder fettreichen Mahlzeit gehalten werden. So kann der Fetteinlagerung infolge einer Überschneidung erhöhter Insulinspiegel und Eintritt von Nahrungsfetten in die Blutbahn vorgebeugt werden. Zuckerhunger bzw. Heißhunger auf süße Speisen könnte dabei als hilfreiches

Signal für sinkende Blutzuckerwerte und damit einhergehend für eine abnehmende Insulinsekretion dienen.

Kann ein ausreichend großer Zeitabstand nicht gewährleistet werden oder stellt sich Hunger ein, besteht die Möglichkeit, eine Übergangsmahlzeit zu konsumieren, die fett- und kohlenhydratarm, aber eiweißreich gestaltet wird. Der hohe Eiweißgehalt wirkt sättigend und muskelregenerativ. Ein eventuell noch erhöhter Insulinspiegel stellt keine Gefahr für den Fettansatz dar, da Nahrungsfette nicht zur Verfügung stehen. Zu diesem Zweck eigenen sich zuckerfreie Eiweißpulver, die mit Magerquark und Magermilch oder besser Wasser verarbeitet werden. Fisch oder Putenschnitzel mit grünem Salat erweisten sich jedoch als ernährungsphysiologisch vorteilhafter.

Die im Buch angegebenen Beispieldiäten zur fettreichen Ernährung sind sehr strikt bilanziert, sodass 25 % Kohlenhydratenergie nicht überschritten werden. Deshalb wirkt die Glucose-/Maltodextrinsupplementierung wie ein Zuckeraufschlag auf den Basiskohlenhydratgehalt. Bei Ausschöpfung von 30 % Kohlenhydratenergie sollte eine Annäherung an die graphische Darstellung in Abbildung 6.1 erfolgen.

Fettreiche Diäten im Ausdauersport

Die Anwendung ist auf die Basisernährung zu begrenzen, da eine Superkompensation des Muskelglykogens nicht möglich ist. Allerdings liegt eine gute Ausgangssituation für die Glykogenspeicherfüllung vor. 2–3 Tage vor einem Wettkampf kann auf eine fettarme kohlenhydratreiche Ernährung umgestellt werden. Die durch die fett- und eiweißreiche Diät entleerten Speicher werden so aufgefüllt. Im angenommenen Beispiel liegt die tägliche Trainingseinheit am Nachmittag (Tab. 6.5):

- 1. Frühstück: fett- und eiweißreich
- 2. Frühstück: fett- und eiweißreich
- Mittag: eiweißreich, niedrigglykämische Kohlenhydrate
- vor und während des Trainings: Maltodextrin-/Fructoselösung
- nach dem Training: eiweißreiche Übergangsmahlzeit
- Abendbrot: fett- und eiweißreich

Die Kohlenhydratversorgung steigt zum bzw. während des Trainings an und geht danach auf ein Minimum zurück. Sind Trainingseinheiten am Vormittag und am Nachmittag geplant, kann die Nahrungszufuhr vor der

ersten Trainingseinheit trotzdem fettreich gestaltet werden. Eine völlige Kohlenhydratreduktion liegt auch bei den fett- und eiweißreichen Mahlzeiten nicht vor. Strategisch günstig wäre es, das vormittägliche Training kraftorientierter auszurichten oder den Körper in der Fettverbrennung zu trainieren. Letzteres begünstigt bei langandauernden Leistungen die Sicherung der Energiebereitstellung über Fettstoffwechselprozesse, wenn die Glykogenspeicher aufgebraucht sind. Natürlich kann die Kohlenhydratspitze auch vom Nachmittag auf den Vormittag vorverlegt werden. Ebenfalls strategisch günstig wirken grüner Tee, schwarzer Tee oder Kaffee als Stimulanz vor oder während des Trainings. Bei koffeinhaltigen Lebensmitteln (z.B. Kaffee) ist die wassertreibende Wirkung zu beachten. Wasserverluste müssen durch entsprechende Flüssigkeitsaufnahme ausgeglichen werden.
Sportler, deren Leistung nicht von einem intensiven Energieverbrauch abhängig ist, können die erlaubten Kohlenhydrate nach Belieben über den Tag verteilen (Beispieldiäten im Abschnitt »Fettreiche Diäten und Kraftsport«, Tab. 6.6 bis 6.8). Eine kontinuierliche Versorgung bzw. gleichmäßige Kohlenhydrataufnahme erleichtert die Praktikabilität.

Tabelle 6.5: Fettreiche Diät mit zeitlicher Konzentration der Kohlenhydrataufnahme vor und während des Trainings: 3000 kcal, davon 55 % Fett (186 g), 20 % Kohlenhydrate (160 g), 22 % Eiweiß (158 g), Ballaststoffe 30 g

1. Frühstück	Speisequark 250 g, Vollmilch 100 ml, 1 Esslöffel Leinöl 12 g, 1 Apfel, grüner Tee
2. Frühstück bis Nachmittag	1 Tomate, 1 Kohlrabi, Käse (> 40 % Fett i.Tr.) 60 g, Schinken 60 g, Möhre 80 g, Nüsse 100 g, Mineralwasser 1500 ml
1 Stunde vor dem Training	Buttermilch 500 ml
30 min vor dem Training	30 g Maltodextrin, 500 ml Wasser (in kleineren Portionen bis zum Belastungsbeginn)
Während des Trainings	60 g Maltodextrin, 1000 ml Wasser (in 200-ml-Portionen alle 30 min)
Abendbrot	1 Steak 125 g, Rohkostsalat 150 g, 3 Esslöfel Rapsöl (für Salat) 36 g, Oliven 20 g, Leinsamen 20 g, Feta 100 g, Ingwer, Meerrettich, Petersilie, Kräutertee

Fettreiche Diäten im Kraftsport

Die Pioniere der Nutzung kohlenhydratreduzierter Kostformen waren die Bodybuilder. Bei vielen Athleten gehört die Energiebereitstellung über Fette auch außerhalb der Wettkampfvorbereitung schon zum Alltag.

Im Kraftsport wird die insulinogene Wirkung der Glucose genutzt, um den Transport anaboler und antikataboler Substanzen (z.B. Kreatinmonohydrat, Aminosäuren) in die Zelle zu fördern. Im Falle der fettreichen Ernährung ergibt sich aber ein Widerspruch. Gerade die Reduktion der Kohlenhydrataufnahme soll zum Abbau von unerwünschtem Fettgewebe führen. Um dennoch die Vorteile von Kohlenhydraten zu nutzen, ist es notwendig, deren Aufnahme – ähnlich wie im Ausdauersport – zeitlich und mengenmäßig zu konzentrieren.

Die günstigste Zeit zur Versorgung der Muskulatur mit ergotropen Substanzen (in Abhängigkeit der Insulinsensibilität) ist der Morgen gegen 6.00 Uhr sowie anschließend an das Nachmittagstraining. Für die Kreatinsupplementierung wird diese Strategie als optimale Anwendung bewertet. Zu diesen Zeitpunkten werden also konzentrierte Kohlenhydrate (Traubenzucker) eingesetzt. Eine ausführlichere Erläuterung zu dieser Thematik wird im Abschnitt »Masseaufbau« (Kap. 6.3) gegeben. Der restliche Tagesverlauf wird fett- und eiweißreich gestaltet. Die Zeiträume zwischen Glucosesupplementierung und fettreichen Mahlzeiten werden eiweißreich, kohlenhydrat- und fettreduziert überbrückt. Ernährungstechnische Gestaltung des Tages:

- vor dem Frühstück: Glucoselösung, anabole/antikatabole Supplemente
- 1 Frühstück: eiweißreich, fettarm, kohlenhydratarm
- 2. Frühstück: fett- und eiweißreich
- Mittag, Nachmittag: fett- und eiweißreich
- nach dem Training: Glucoselösung, anabole und antikatabole Supplemente
- Pause oder eiweißreiche, fett- und kohlenhydatarme Übergangsmahlzeit
- Abendbrot: fett- und eiweißreich

Bei einem zusätzlichen Training am Vormittag bleibt die Ernährung fett- und eiweißreich.

Es besteht die Möglichkeit, die Kohlenhydratmenge am Morgen und nach dem Training zu reduzieren. Die eingesparte Kohlenhydratmenge wird in

Form von Maltodextrin direkt vor dem Training konsumiert. So kann kurzfristig Leistungsschwächen vorgebeugt werden.

Tabelle 6.6: Fettreiche Diät mit zeitlicher Konzentration der Kohlenhydrataufnahme (strategische Supplementierung für optimale Trainingsleistung und Regeneration). 3000 kcal, davon 48 % Fett (164 g), 25 % Kohlenhydrate (183 g), 27 % Eiweiß (200 g), Ballaststoffe 40 g

1. Frühstück	Speisequark 250 g, Milch 1,5 % Fett 100 ml, 2 Esslöffel Leinöl 24 g, Haselnussmehl 20 g, 1 Apfel, grüner Tee
2. Frühstück	Mandeln 60 g, 1 Kohlrabi, Wasser/Tee
Mittag	Thunfisch (Konserve in eigenem Saft) 150 g, Feta 50 g, 2 Esslöffel Leinsamen 20 g, 1 Esslöffel Leinöl 12 g, 1 Esslöffel Rapsöl 12 g, 2 Tomaten, Rohkostsalat 150 g, Wasser/Tee
30 min vor dem Training	Maltodextrin 60 g, Laktalbumin 30 g, Wasser 500 ml
Nach dem Training	Glucose 60 g, Milcheiweiß 30 g, Wasser 1000 ml
Abendbrot	Putensteak 400 g, Pilze 100 g, Möhre 80 g, Paprika 150 g, Kräutertee

Tabelle 6.7a: Fettreiche Diät mit gleichmäßig verteilter Kohlenhydrataufnahme (ohne Strategie). Diät 1: 3000 kcal, davon 68 % Fett (225 g), 6 % Kohlenhydrate (43 g), 26 % Eiweiß (188 g), Ballaststoffe 40 g

1. Frühstück	2 Tomaten, Feta 150 g, 2 Esslöffel Leinöl 24 g, Leinsamen 20 g, grüner Tee
2. Frühstück bis Nachmittag	1 Apfel, 1 Möhre, 1 Kohlrabi, 2 Eier 120 g, Nüsse 100 g, Knackwurst 50 g, Schnittkäse (≥ 40 % Fett i.Tr.) 100 g, Kokosraspeln 30 g, Mineralwasser 2000 ml
Abend	Kopfsalat 150 g, Oliven grün gesäuert 30 g, 2 Esslöffel Rapsöl 24 g, Zitrone 25 g, 2 Steaks 250 g, Pilze gegart 170 g, Kräutertee

Tabelle 6.7b: Fettreiche Diät mit gleichmäßig verteilter Kohlenhydrataufnahme (ohne Strategie). Diät 2: 3000 kcal, davon 63 % Fett (210 g), 9 % Kohlenhydrate (66 g), 27 % Eiweiß (198 g), Ballaststoffe 35 g

1. Frühstück	Speisequark 250 g, 1 Esslöffel Leinöl 12 g, Milch 3,5 % Fett 100 ml, 1 Apfel, grüner Tee
2. Frühstück bis Nachmittag	1 Tomate, 1 Möhre, Radieschen 200 g, 2 Portionen Käse (> 40 % Fett i.Tr.) 60 g, Nüsse 100 g, Hackbraten 150 g, 2000 ml Mineralwasser, Thunfisch 150 g, Feta 100 g, Rohkostsalat 150 g, 2 Esslöffel Rapsöl 24 g,
Abend	2 Portionen gebratener Fisch 300 g, Rohkostsalat 150 g, Leinsamen 20 g, Zitrone 25 g, Kräutertee
	Tee (ohne Zucker), Wasser, Knoblauch, frische Kräuter und Gewürze sind nach Belieben einsetzbar.

Tabelle 6.8: Fettreiche Diät mit zeitlich konzentrierter Aufnahme der Kohlenhydrate (strategische Planung für Muskelregeneration und -aufbau): 3000 kcal, davon 50 % Fett (167 g), 23 % Kohlenhydrate (170 g), 26 % Eiweiß (190 g), Ballaststoffe 30 g

Vor dem Frühstück	50 g Traubenzucker, 20 g Laktalbumin, 10 g Kreatinmonohydrat (*), mindestens 500 ml (optimal 1000 ml) warmes Wasser (50°C)
1. Frühstück	Speisequark 250 g, Vollmilch 100 ml, 1 Esslöffel Leinöl 12 g, 1 Apfel, grüner Tee
2. Frühstück bis Nachmittag	1 Tomate, 1 Kohlrabi, Käse (> 40 % Fett i.Tr.) 60 g, Schinken 60 g, 1 kleine Möhre 80 g, Nüsse 100 g, Mineralwasser 1500 ml
30–60 min vor dem Training	Buttermilch 500 ml
Direkt nach dem Training	Traubenzucker 50 g, Laktalbumin 20 g, Kreatinmonohydrat 10 g, 1000 ml warmes Wasser (50°C)
Abendbrot	1 Steak 125 g, Rohkostsalat 150 g, 3 Esslöffel Rapsöl 36 g (für Salat), Oliven grün gesäuert 20 g, Ingwer, Meerrettich, Petersilie, Leinsamen 20 g, Kräutertee

(*) Kreatinanwendung: Kapitel 6.3 »Eiweißreiche Diäten», Abschnitt »Masseaufbau«

Die Entscheidung, ob die Kohlenhydratsupplementierung vor (ähnlich dem Ausdauersport) oder nach der Trainingseinheit erfolgt, ist nach dem individuellen Befinden zu treffen. Es gibt Sportler, denen die Förderung der Regeneration durch Kohlenhydrate auf die Muskelentwicklung dienlicher ist als die Leistungssteigerung und entprechend intensivere Muskelbelastung während des Trainings.

Als Fallbeispiel sind in Tabelle 6.9 die Labordaten (Blutfettwerte) eines Kraftsportlers (Ziel: Körperfettreduktion) vor und nach 8 Wochen kohlenhydratreduzierter Diät gezeigt (Prinzhausen, nicht veröffentlicht).

Tabelle 6.9: Fallbeispiel: Labordaten (Blutfettwerte) eines Kraftsportlers (Ziel: Körperfettreduktion) vor und nach 8 Wochen kohlenhydratreduzierter Diät

Parameter	Vor der fettreichen Diät	Nach der fettreichen Diät
Körpergewicht	93 kg	85 kg
Body Mass Index	30	27,5
Energiegehalt der Diät	3200 kcal	3200 kcal
Energieverhältnis der Nährstoffe	Eiweiß 27 % Fett 24 % Kohlenhydrate 49 %	Eiweiß 24 % Fett 64 % Kohlenhydrate 12 %
Cholesteringehalt der täglichen Diät	0,4 g	0,7 g
Triglyzeride (Blut)	87 mg/dl	99 mg/dl
Cholesterin (Blut)	127 mg/dl	119 mg/dl
HDL-Cholesterin (Blut)	54 mg/dl	59 mg/dl
LDL-Cholesterin (Blut)	53 mg/dl	40 mg/dl
Quotient LDL-/HDL-Cholesterin (Blut)	1,0	0,7
Kraftzuwachs		20 %

Der Abbau von Körperfett trotz gleichbleibender Energieaufnahme kann als Verlust der energetischen Effizienz des Fettstoffwechsels gegenüber dem Kohlenhydratstoffwechsel gewertet werden. Ein erhöhter Eiweißkonsum verstärkt Energieverluste im Stoffwechsel zusätzlich. Der Ausgleich des Energiedefizits erfolgt durch die Freisetzung von Speicherenergie.

Interessant ist die Feststellung, dass bei fetteiweißreicher Diätführung nach dem 3. bzw. 4. Monat überdurchschnittliche Steigerungen in der Kraftleistung zu verzeichnen sind. Zudem scheint die körperliche Leistung weniger vom geistigen Zustand abhängig zu sein. Normalerweise (Kohlenhydratkost) nimmt die Leistung des Athleten mit geistiger/seelischer Müdigkeit ab. Jedoch wird bei fettreicher Ernährung und Unkonzentriertheit, Müdigkeit sowie scheinbarer Kraftlosigkeit die körperliche Leistungsfähigkeit nicht eingeschränkt.

Die Umstellung von kohlenhydratreichen Kostformen zur ketogenen oder fettreichen, kohlenhydratreduzierten Ernährung erfolgt sinnvollerweise über eine oder mehrere Zwischenstufen abnehmenden Kohlenhydratgehaltes. Starke psychische Belastung, aber auch anfängliche Muskelverluste durch überdurchschnittliche Gluconeogeneseraten können so gemildert bzw. es kann ihnen vorgebeugt werden. Beträgt der Energieanteil der Kohlenhydrate ca. 60 %, ist eine Diätform mit 30 % Kohlenhydratenergie als günstige Variante einer »Übergangsernährung« anzusehen. Nach 4–6 Wochen kann die Kohlenhydratreduktion bis auf 20 % und weniger erfolgen. Bedingung für das Wohlbefinden während der Umstellung ist das Sattessen. Hungern erschwert das Vorhaben, steigert die psychische Belastung und fördert zusätzlich (oben benannte) Gluconeogeneseaktivitäten (Zuckerbildung aus Muskeleiweiß zum Kohlenhydratausgleich).

Das Funktionieren fetteiweißreicher Ernährungsformen wurde bereits von amerikanischen Siedlern gegen 1800 beschrieben. Ausschließlich von getrocknetem Büffelfleisch und von Fisch lebend, wird in diesen Berichten auf die Regulierung des Körpergewichtes und überdurchschnittliche Arbeitsleistungen selbst bei heißer Witterung verwiesen.

Die Kohlenhydratsupplementierung/-zuführung kann bei fetteiweißreicher Ernährung zu verschiedenen Zeitpunkten erfolgen. Welche Variante letztendlich die effektivste bzw. Erfolg bringende Form ist, sollte individuell getestet werden (Tab. 6.10, Abb. 6.2).

Tabelle 6.10: Punktuelle Kohlenhydratzufuhr (X) bei fett-eiweißreicher Ernährung

Variante	Frühstück	Vor dem Training (Mittag)	Während des Trainings	Nach dem Training (Abend)	Ziel
A	X			X	**Kreatinsupplementierung**
B		X	X		maximale Trainingsleistung und Muskelreizung
C				X	**Muskelregeneration**
D		X		X	Trainingsleistung und Muskelregeneration

Abbildung 6.2: Gesamtübersicht Prinzip fetteiweißreiche Ernährung.

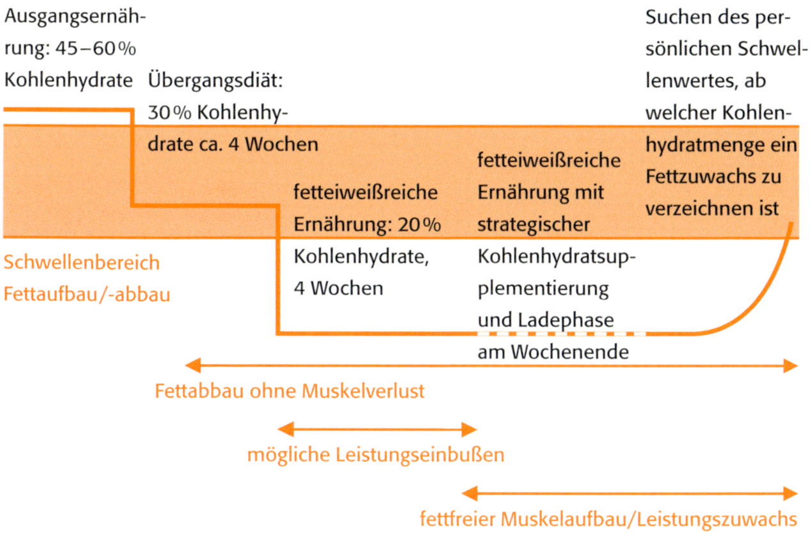

6.3 Eiweißreiche Diäten

Grundlagen

Bei dieser Form der Ernährung steht der Verzehr eiweißhaltiger Lebensmittel im Mittelpunkt. Dabei kann der Eiweißkonsum in Gramm pro kg Körpergewicht angegeben werden oder als prozentualer Anteil an der Bruttoenergieaufnahme. Im ersten Fall liegt die Eiweißzufuhr bei 2–4 g/kg Körpergewicht. Die prozentuale Angabe erfolgt bei Reduktionsdiäten. Das Verhältnis von 20 % Eiweiß : 25 % Fett : 55 % Kohlenhydrate (definiert als klassische Form isokalorischer Sporternährung) wird modifiziert zu 40% Eiweiß : 30 % Fett : 30 % Kohlenhydrate bzw. 33 % Eiweiß : 33 % Fett : 33 % Kohlenhydrate (Neumann 2000) mit hypokalorischer Energiebilanzierung. Bei solch einer energiereduzierten Diät sollte die Eiweißaufnahme nicht unter 1,5 g/kg Körpergewicht fallen, um muskelkatabolen Prozessen vorzubeugen.

Eiweiß kann durch keinen anderen Nährstoff ersetzt werden. Die Wichtigkeit dieser Aussage kann durch die Bedeutung in der Humanernährung verdeutlicht werden:

- Eiweiß fördert den Aufbau und die Regeneration der Muskulatur.
- Eiweiß hemmt den Muskelabbau bei Reduktionsdiäten.
- Eiweiß wirkt (langfristig) sättigender als Fett oder Kohlenhydrate (Lemon et al. 1992).
- Eiweiß drängt den Anteil der Energieträger Fette und Kohlenhydrate zurück und reduziert damit die Energiezufuhr, die den Körperfettansatz fördert.
- Der Energieverlust (spezifisch dynamische Wirkung der Nährstoffe) im Stoffwechsel ist bei Eiweißen mit 10–18 % so hoch (Fett 3 %, Kohlenhydrate 6 %), dass stark eiweißhaltige Diäten nicht nur den Fettansatz stoppen, sondern auch einen Körperfettabbau bewirken können (Skov et al. 1999).

Eiweißreiche Diäten bieten damit eine Alternative für kohlenhydratintolerante Stoffwechseltypen mit einem Bruttoenergiebedarf unterhalb 2000 kcal. Wie im Kapitel 6.2 beschrieben, sind fettreiche Diäten unterhalb einer täglichen Energiezufuhr von 2000 kcal praktisch kaum umsetzbar, da bereits Kohlenhydrate aus Obst und Gemüse bei entsprechendem Eiweißkonsum einen Großteil der benötigten Energie liefern. In diesem Fall ist ein Abnehmen über einen reduzierten Insulinspiegel offensichtlich nicht möglich. An dieser Stelle setzen eiweißreiche Diäten an, um den Stoffwechsel aus der sog. Insulinfalle zu locken (s. Kap. 2). Der Energieanteil der Kohlenhydrate wird durch Eiweißenergie ersetzt. Eine geringere Kohlenhydrataufnahme bedeutet verminderte Insulinsekretion und die Möglichkeit verstärkter Körperfettverbrennung.

Bei zusätzlich strategischer Anwendung einzelner eiweißreicher kohlenhydratreduzierter Mahlzeiten kann der Abbau von Körperfettreserven gefördert werden. Mit Hinsicht auf die sättigende Wirkung eiweißreicher Lebensmittel ist es möglich, langfristig ohne Hungern Übergewicht zu vermeiden, Körperfett abzubauen und die Muskulatur zu erhalten bzw. aufzubauen. Bedingungen für die Nutzung eiweißreicher Kostformen sind der Ausschluss jeglicher Störungen des Eiweißstoffwechsels bzw. Störungen beteiligter Organe. Bei Personen mit Nierenschäden, manifestem Diabetes oder starker Allergieneigung können hohe Eiweißaufnahmen zusätzliche Schädigungen bzw. Verschlechterungen des allgemeinen Gesundheitszustandes bewirken.

Die ursprünglich durch die klassische Ernährungswissenschaft vertretene Meinung, dass hohe Eiweißaufnahmen zu Nierenschädigungen führen, konnte am gesunden Menschen wissenschaftlich nicht bestätigt werden. Häufigste Kritiken an hohen Eiweißaufnahmen sind festgestellte Hypertrophien der Nierentubuli und – im Hinblick auf eventuelle Knochenschäden (Osteoporose) – die verstärkte renale Calciumauscheidung (Willi et al. 1998). Teilweise findet man in Schriftstücken jedoch Informationen, dass eine leicht erhöhte Nahrungseiweißaufnahme Osteoporose hemmen kann. Zur Vorbeugung von Knochenschäden durch Calciumverluste bei eiweißreicher Ernährung wird zur Stabilisierung des Calcium-Phosphat-Verhältnisses der Nahrung durch Milch- und Fleischverzehr geraten (Williams 1995).

Eine tägliche Eiweißaufnahme von 2–3 g/kg Körpergewicht sind in der Sporternährung leistungserhaltender Standard und wirken im Bezug auf die Muskelausprägung eher leistungsfördernd als gesundheitsschädlich (Nöcker 1987). Der Austausch von Kohlenhydrat- oder/und Fettenergie gegen Eiweißenergie könnte zudem eine Verbesserung der Blutfettwerte auch bei nicht sportlich aktiven Menschen bewirken (Wolfe u. Piche 1999). Eiweißdefizite führen zu einer Abnahme von Atmungsfermenten in der Skelettmuskulatur als Folge verminderter mitochondrialer Eiweißsynthese (Nöcker 1987).

Beispiel: Ein Athlet mit einem Bruttoenergiebedarf von ca. 3000 kcal strebt in Vorbereitung eines Wettkampfs eine Gewichtsreduktion an. Er vermindert die Aufnahme der Gesamtenergie und führt eine Reduktionsdiät mit 1000 kcal durch. Die Eiweißaufnahme beträgt (unbeabsichtigt) nur noch 0,8 g/kg Körpergewicht. Nach einer Woche kann ein Gewichtsverlust von 3 kg festgestellt werden. Die Kontrolle des Fettgewebeanteils zeigt jedoch kaum eine Reduktion des Körperfettanteils. Bei einer energiereduzierten Mischkost und gleichzeitig verminderter Eiweißaufnahme erfolgt neben dem Fettgewebe- ein Muskelabbau. Von 1 kg abgebauter Körpermasse können bis zu 40% Muskelgewebe entsprechen. Bei 3 kg sind dies demnach 1,2 kg Muskelverlust. Dazu kommt die Freisetzung von Muskelglykogen und Wasser (–> Elektrolytverlust). Die Leistung des Sportler verschlechtert sich nachhaltig. Nach dem Wettkampf ernährt er sich in gewohnter Weise und steigert das Körpergewicht um 4 kg – 1 kg mehr, als er vorher reduzieren konnte (Jojo-Effekt). Um dieser Situation vorzubeugen, sind folgende Maßnahmen möglich bzw. erforderlich:

- Nach Ermittlung des Bruttoenergiebedarfes wird der Anteil ausschließlich energiehaltiger fett- und kohlenhydratreicher Lebensmittel durch eiweißhaltige Lebensmittel substituiert. Mit der Vorgabe »Eiweißaufnahme von 1,5 g/kg Körpergewicht nicht unterschreiten« wird eine Reduktionsdiät bilanziert. Die Energiereduktion sollte 500 kcal täglich nicht überschreiten. Dafür beginnt der Athlet mit der Wettkampfvorbereitung 6–8 Wochen vor dem Wettkampf. Strategisch günstig wäre hier die Anwendung einer Schaukeldiät (s. Kap. 6.8). Die Flüssigkeitszufuhr wird dabei nicht reduziert.
- Um ein niedriges Körpergewicht zu halten und den Fettansatz zu minimieren, erhöht der Sportler nach der Wettkampfzeit die Eiweißaufnahme auf 2–2,5 g/kg Körpergewicht. Zusätzlich verändert er die Mahlzeitenfrequenz und -zusammensetzung. Kohlenhydrathaltige Mahlzeiten werden nur noch zum Frühstück und zum Mittag gereicht, damit der Insulinspiegel nach dem Mittagessen sinkt und die Fettverbrennung aktiviert wird. Zwischen Frühstück und Mittag (falls überhaupt notwendig) und ab dem Nachmittag werden ausschließlich eiweißhaltige Lebensmittel konsumiert. Zirka 2 Tage vor dem nächsten Wettkampf stellt der Sportler auf kohlenhydratbetonte Ernährung (fünf bis sechs Mahlzeiten pro Tag) um. Diese Superkompensation der Glykogenspeicher soll die Leistungsfähigkeit im Wettkampf fördern (s. Kap. 6.10)

Die Wirkung der Beschränkung auf drei Mahlzeiten mit eiweißbetontem Abendbrot liegt in der Senkung des Insulinspiegels. Dadurch wird dem Organismus die Möglichkeit gegeben, zwischen den Mahlzeiten auf Fettverbrennung umzuschalten. Die erste Insulinsenkung findet zwischen Frühstück und Mittag, die zweite nach dem Mittagessen statt. Das eiweißhaltige kohlenhydratreduzierte Abendbrot soll den Insulinspiegel weiterhin niedrig halten und die nächtliche Phase der Fettfreisetzung verlängern. Falls zwischen den Mahlzeiten Hunger auftritt, sollten nur eiweiß- oder eiweiß-fetthaltige Snacks verzehrt werden, um die Insulinsekretion nicht anzuregen. Eventuelle Leistungseinbußen können durch Kohlenhydratsupplementierung vor bzw. auch während des Trainings vermieden werden. Die Fettverbrennung wird in diesem Zeitraum unterdrückt.

Nach diesem Prinzip kann auch der Nichtsportler aus der »Insulinfalle« entkommen, Fettgewebe abbauen oder zumindestens den Fettansatz stoppen (Pape et al. 2001). Der Energiegehalt der Mahlzeiten sollte dabei vom Frühstück bis hin zum Abendbrot reduziert werden.

Strategien der eiweißbetonten Ernährung zeigt Abbildung 6.3.

Abbildung 6.3: Strategie der eiweißbetonten Ernährung.

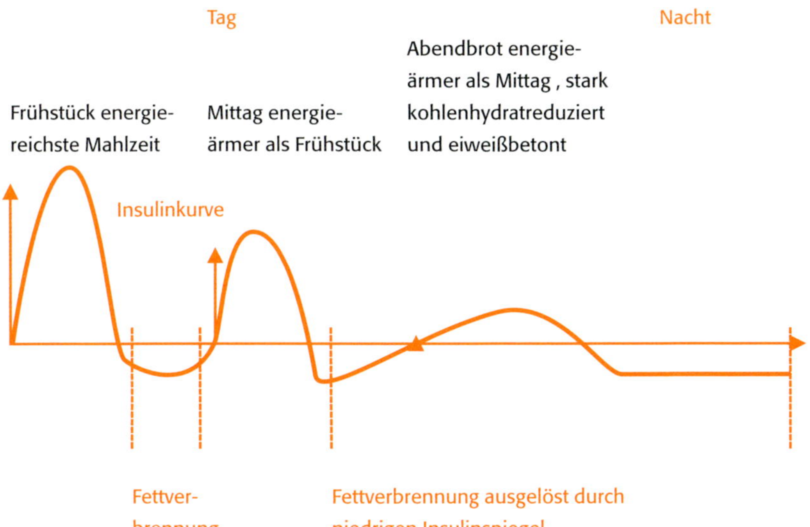

Während des Wettkampfes sollte die Gewichtsregulierung keine Rolle mehr spielen. Hier werden fünf bis sechs kleinere kohlenhydratbetonte Mahlzeiten konsumiert, die entsprechend dem Tagesablauf strategisch günstig platziert werden, um eine kontinuierliche Leistungsfähigkeit zu gewährleisten.

Drei große Mahlzeiten sind ebenfalls unnötig für Athleten ohne Gewichtsprobleme. Die Eiweißaufnahme erfolgt hier gleichmäßig mit den fünf bis sechs Mahlzeiten bzw. ausgerichtet auf die entsprechend genutzte Strategie.

Fünf bis sechs kleine Mahlzeiten am Tag helfen, neben einer kontinuierlichen Leistungsbereitschaft, ein Fettgewebewachstum zu verhindern. Jedoch besteht die Gefahr, über eine Insulinfalle erhöhte Fettspeicher nicht reduzieren zu können, vor allem, wenn die Mahlzeiten kohlenhydratbetont sind. Drei Mahlzeiten mit Kohlenhydratreduktion ab dem Nachmittag und abnehmenden Energiegehalten sollen die Insulinfalle verhindern und Speicherfett freisetzen (Tab. 6.11).

Tabelle 6.11: Beispieldiät 1: 1800 kcal, davon 32 % Fett (65 g), 27 % Kohlenhydrate (121 g), 40 % Eiweiß (176 g), Ballaststoffe 44 g

Frühstück	2 Scheiben Vollkornbrot 90 g, 5 Esslöffel Kräutermagerquark 150 g, 1 Apfel, Sojamilch 200 g, grüner Tee
	keine Zwischenmahlzeit
Mittag	Kochfisch 200 g, 1 Portion gedünstetes Gemüse 200 g, 3 Kartoffeln, Soße 100 g, 1 entrahmter Joghurt 150 g, Eiweißpulver 15 g in Wasser
	keine Zwischenmahlzeit
Abend	1 Mozarella 125 g, 2 Tomaten, Tofu (fest) 50 g, Rohkostsalat 150 g, Zitronensaft, Gewürze, Kräutertee, Eiweißpulver 15 g in Wasser
	2 l Wasser über den Tag verteilt

Mit zunehmender Energiereduktion ist das Verhältnis von Eiweißen, Fetten und Kohlenhydraten mit jeweils 33 % zu bevorzugen. Es ist ersichtlich, dass bereits bei dieser Diät Probleme bei der Bilanzierung auftreten. Nur durch den Einsatz von Eiweißpräparaten kann das Verhältnis 40 % E : 30 % F : 30 % KH annähernd erreicht werden.

Ein 75 kg schwerer Athlet hätte über diese Diät eine Eiweißversorgung von 2,4 g/kg Körpergewicht, trotz Energiereduktion. Bei einem Körpergewicht von 90 kg würden 2 g/kg Körpergewicht konsumiert.

Sehr leichte Athleten von ca. 50 kg würden mit dieser Diät eine Eiweißmenge von 3,6 g/kg Körpergewicht aufnehmen. Hier wäre eine niedrigere Zufuhr angemessener bzw. das Weglassen der Eiweißdrinks angebracht (Substitution gegen 1 Vollkornbrötchen). Bei leichten Sportlern sind Reduktionsdiäten mit weniger als 1500 kcal pro Tag vergleichsweise eiweißärmer und würden sich dem unteren Bereich von 1,5 g/kg Körpergewicht annähern (Tab. 6.12).

Tabelle 6.12: Beispieldiät 2: 1500 kcal, davon 31 % Fett (54 g), 36 % Kohlenhydrate (133 g), 32 % Eiweiß (119 g), Ballaststoffe 40 g

Frühstück	2 Scheiben Vollkornbrot 90 g, Sauermilchkäse (mager) 70 g, Hüttenkäse (mager) 50 g, Sojamilch 200 g, 1 Apfel, grüner Tee
	keine Zwischenmahlzeit
Mittag	1 großes Putenschnitzel 200 g, 2 Tassen gekochter Reis 200 g, Soße 100 g, 1 Portion Rohkostsalat 150 g, 1 Apfelsine
	keine Zwischenmahlzeit
Abend	Feta 100 g, 2 Tomaten, 1 Möhre, Kräutertee
	2 l Mineralwasser über den Tag verteilt

Bei eiweißreichen wie auch anderen Reduktionsdiäten sollte darauf geachtet werden, dass die Zufuhr von Vitaminen und Mineralstoffen gewährleistet bleibt. Ohne Fisch, Jodsalz, Obst und Gemüse treten Imbalancen in der Versorgung auf, die nur über Supplemente abgefangen werden können. Bei Sportlern, deren täglicher Energiebedarf zwischen 1800 und 2000 kcal liegt und bei denen vorübergehende Ernährungsumstellungen unnötig sind, würde die Eiweißversorgung über fünf bis sechs Mahlzeiten mit entsprechender Beachtung der Kohlenhydratzufuhr verteilt (Tab. 6.13).

Die Verwendung von Jodsalz, mit Jodsalz gebackenem Brot oder der Tausch von Pute gegen Fisch verbessert die Versorgung mit Vitamin D und Jod.

Tabelle 6.13: Beispieldiät 3: 1000 kcal, davon 23 % Fett (26 g), 36 % Kohlenhydrat (88 g), 40 % Eiweiß (98 g), Ballaststoffe 20 g

Frühstück	Magerquark 250 g, entrahmte Milch 100 g, 1 Teelöfel Leinöl 6 g, 1 Apfel, grüner Tee
Zwischenmahlzeit	1 Möhre, Nüsse 25 g
Mittag	Kochfisch 150 g, 1 Portion gedünstetes Gemüse 200 g, 1 entrahmter Joghurt 150 g
Vor und während des Trainings verteilt	30 g Dextrose in 500 ml Mineralwasser
Abend	1 Portion Putenschnitzel 125 g, 1 Portion Rohkostsalat 150 g, Kräutertee
	2 l Wasser oder Kräutertee über den Tag verteilt

Bei dieser energiereduzierten Diät wurde Wert auf einen hohen Eiweißgehalt gelegt. Athleten mit geringem Körpergewicht, die weiterhin Körpergewicht reduzieren müssen, greifen aufgrund ihrer alltäglich niedrigen Energieaufnahme auf stark energiereduzierte Diäten zurück. Über die Beispieldiät 3 würde einer 50 kg schweren Person dennoch eine Eiweißmenge von knapp 2 g/kg Körpergewicht zur Verfügung stehen.
Um größere Leistungseinbrüche zu vermeiden, wird vor und während einer körperlichen Belastung mit Maltodextrinlösung supplementiert.
Die 6 %ige Lösung wird in 150- bis 200-ml-Rationen aufgeteilt.
Die erste Supplementierung erfolgt 30 min vor, die zweite mit Beginn und die dritte während der Belastung. Die Strategie nach Abbildung 6.2

ist damit hinfällig. Es empfiehlt sich, Reduktionsdiäten verschiedener Energiewerte zu kombinieren. Mehr dazu im Kapitel 6.8.

Neben der Möglichkeit, die Kohlenhydrataufnahme auf Frühstück und Mittagessen zu reduzieren, besteht auch die Möglichkeit, das Mittagessen kohlenhydratfrei zu gestalten. Dafür werden zum Abendbrot noch einmal Kohlenhydrate zugeführt. Die Niedriginsulinphase der Nacht wird dadurch verkürzt, die Fettverbrennungsphase am Vormittag verlängert.

Die Bilanzierung wird erleichtert, indem erst die eiweißreichen Lebensmittel eingeplant werden. Nach dem die gewünschte Eiweißmenge erreicht ist, wird mit Fett- und/oder Kohlenhydratenergie bis zur Deckung des gewünschten Energie- und Vitamin-/Mineralstoffgehaltes aufgefüllt.

Im Sinne einer Stoffwechselaktivierung bei niedrigkalorischer Kost (<1000 kcal), Stoffwechselverlangsamung und Insulinfalle ist für eine Körperfettreduktion teilweise eine eiweißketogene Kost nötig. Der Fett- und Kohlenhydratgehalt wird zugunsten der Eiweißmenge vermindert. Diese Strategie stellt für Problempersonen zum Teil die einzige Lösung dar. Der streng reduzierte Kohlenhydratanteil wird durch Eiweißenergie ersetzt. Die Gesamtenergieaufnahme übersteigt die analysierte Bruttoenergieaufnahme nicht. Der Fettgehalt (und der Energiegehalt) der Nahrung wurde durch die Personen im Allgemeinen schon selber reduziert. Mit der Zeit sollten allmählich die Energieaufnahme und auch die körperliche Aktivität gesteigert werden. Mehr zur Stoffwechselaktivierung wird im entsprechenden Kapitel dargestellt.

Eiweißreiche Kostformen stehen zur Sättigung über Eiweißträger sowie zur Mineralstoff- und Vitaminversorgung durch frisches Obst, Gemüse und Sämereien zur Verfügung.

Eiweißreiche Ernährung heißt, sich an Eiweißträgern und reichlich Gemüse sattzuessen. Übergewichtigkeit wäre bei dieser Form der Ernährung nicht möglich. Über die fettreiche (Abschnitt 6.2) und eiweißreiche Ernährung (Abschnitt 6.3) kann der Körper mit allen lebensnotwendigen und funktionserhaltenden Substanzen bedarfs- bzw. empfehlungsgerecht versorgt werden. Nährwertberechnungen mit der Software »DGE-PC« bestätigen diese Aussage.

Kraftsport und Bodybuilding: Masseaufbau – Definition

Im Bodybuilding unterscheidet man zwei Phasen, in denen auch die Ernährung verschieden gehandhabt wird. In der Off-Season versucht der Athlet Muskelmasse aufzubauen. Zum Wettkampf hin wird über energiedefinierte Diäten versucht, aufgebautes Körperfett zu reduzieren.

1. Phase – Masseaufbau

Grundsätzlich werden zwei Varianten des Masseaufbaus diskutiert.

- Als klassische Form wird eine kohlenhydrat- und eiweißbetonte hyperkalorische Kostform genutzt. Neben dem Muskelaufbau wird durch den hohen Anteil konzentrierter Kohlenhydrate und entsprechende Insulinaktivität auch das Körperfettgewebe verstärkt.
- Um die Fettneubildung von vornherein zu minimieren, nutzen Sportler eine weitere Variante: eine isokalorische Diät mit ausgesprochen positiver Stickstoffbilanz. Dem Körper wird mehr Eiweißenergie als nötig zugeführt, um Defizite in der Muskelregeneration und -bildung zu vermeiden. Der Energiegehalt der Kost wird nicht über den Bedarf hinaus erhöht (= isokalorisch). Der Masseaufbau ist auf diese Art nicht signifikant, dafür hält sich die Fettbildung in Grenzen bzw. kann vermieden werden.

Athleten, die über hyperkalorische Diäten Körpermasse aufbauen, legen schnell an Gewicht zu. Jedoch geht ein Teil der Muskulatur in der nachfolgenden Definitionsphase wieder verloren. Bis zu 40 % der reduzierten Masse können dabei Muskelgewebe entsprechen. Bodybuilder waren die ersten Sportler, die erfolgreich ketogene Diäten einsetzten, um das Beziehungsgefüge Muskelaufbau/Fettabbau zu optimieren.

Im Sinne der Stoffwechseltypisierung empfiehlt sich für langsame Stoffwechseltypen wie den endomorphen Typ die Variante einer positiven Stickstoffbilanz, eventuell in Verbindung mit fettreicher oder ketogener Ernährung. Ektomorphe Typen, die einen hohen Energieumsatz bzw. stoffwechselbedingt hohe Energieverluste haben (gesteigerter Wärmeverlust), müssen neben einer positiven Stickstoffbilanz auf hyperkalorische Varianten zurückgreifen. Endomorphe Stoffwechseltypen reagieren auf ein Aufbautraining schnell mit Muskelmassezunahme. Wird die strategische Ernährungsführung dabei vernachlässigt, wirken die Athleten (hier vor allem Hobbysportler) infolge der Fetteinlagerung massiv, aber formlos. Das Ziel, einen definierten Körper zu entwickeln, wird damit verfehlt.

Dem mesomorphen Stoffwechseltyp kommt seine Genetik zugute. Der von Natur aus muskulösere Typ reagiert gut auf ein Masseaufbautraining, setzt aber weniger Fett an als der endomorphe Typ.

Von der Ernährungstrategie im Bezug auf Massezunahme befindet sich der Mesomorphe zwischen Endo- und Ektomorphem. Beachtet werden muss, dass zur Muskelbildung weder Training, Ernährung noch Regeneration vernachlässigt werden dürfen. Hinweise für ein hilfreiches Training sind aus der sportwissenschaftlichen Literatur bzw. auch aus Fitnesszeitschriften zu entnehmen.

Zu Beginn des Masseaufbaus wird ein einwöchiges Ernährungsprotokoll zur Analyse des Energiebedarfs geführt. Zum ermittelten Wert werden im Sinne hyperkalorischer Diätführung 500 kcal täglich zugegeben (Bartels 1992). Die aufgenommene Eiweißmenge sollte 2 – 3 g/kg Körpergewicht betragen. Nach Lemon (1991) sind Hypertrophien der Muskulatur erst bei Eiweißmengen über 2 g/kg Körpergewicht möglich. Zum Ist-Vergleich wird die analysierte tägliche Eiweißaufnahme (in Gramm) durch das Körpergewicht (in Kilogramm) dividiert. Hyperkalorische Formen des Masseaufbaus werden 4 – 6 Monate durchgeführt. Danach beginnt die Definitionsphase.

Supplemente finden im Rahmen der Muskelbildung vielseitigen Einsatz. Maltodextrin, Glucose, Eiweißpräparate, Kreatinmonohydrat, Taurin, Glutamin, Chrompikolinat, Vanadylsulfat sind nur einige davon. Bei richtiger Anwendung bzw. strategisch sinnvollem Einsatz können durchaus fördernde Effekte eintreten. Im Allgemeinen werden die Supplemente miteinander kombiniert, um synergistische Mechanismen zu aktivieren. Dennoch muss sich der Sportler bewusst sein, dass neben bekannten Nebenwirkungen auch individuelle Störungen auftreten können.

Kreatinsupplementierung. Die Kreatinwirkung ist von zwei Faktoren abhängig. Zum einen muss die Substanz im Darm resorbiert werden und zum anderen aus dem Blut in die Zelle gelangen. Kreatin, das schlecht gelöst konsumiert wird, erzeugt zum Teil Blähungen und Durchfall. Als Gegenmaßnahme sollte es mit warmem Wasser (50 – 60 °C) verrührt werden. Die Löslichkeit wird dadurch verbessert.

Das Einschleusen in die Muskulatur ist abhängig vom Insulinspiegel. Zur verstärkten Insulinausschüttung nutzt man insulinogene Nährstoffe und Substanzen. Glucose und BCAA-reiche Eiweiße sollen dabei doppelte Funktionen ausüben. Erstens sind sie wichtige Nährstoffe für die Regeneration und den Aufbau der Muskelzelle, zweitens wirken sie insulinogen und fördern das Einschleusen anderer Stoffe – wie z.B. Kreatin – in die Zelle. Zusätzlich unterstützt werden diese Vorgänge durch Chrompikolinat, Metformin (Medikament!) und α-Liponsäure. Etwa 60 g Glucose und 40 g Laktalbumin werden mit 5 – 10 g Kreatinmonohydrat in 500 – 1000 ml warmen Wasser gelöst und direkt nach dem Aufstehen konsumiert (100 ml Wasser pro Gramm Kreatin). Dieser Vorgang wird im Anschluss an das Training wiederholt.

Während der Ladephase werden täglich bis zu 30 g Kreatinmonohydrat für den Zeitraum 1 Woche supplementiert. Danach beträgt die tägliche Aufnahme 5 – 10 g, um das Niveau zu halten (Haltephase). Nach einer Einnahmezeit von 6 – 8 Wochen sollte Kreatin, wie auch alle anderen Supplemente, abgesetzt werden, um die körpereigene Synthese zu reaktivieren. Die Supplementierungspause entspricht zeitlich der Länge der Einnahmezeit von 6 – 8 Wochen. Bei fettreicher Diätführung müssen der Zeitpunkt der Aufnahme sowie die Menge des Kohlenhydrat-Kreatin-Gemischs strategisch genau geplant werden, um das Wirkungsprinzip nicht nachhaltig zu beeinflussen (s. Kap. 6.2).

Angeblich wird die Proteinsynthese der Muskelzelle im stark hydrierten Zustand gefördert. Die kreatinbedingte Einlagerung von Wasser in die Muskelzelle wirkt demnach nicht nur temporär gewichtssteigernd, sondern auch langfristig anabol. Ähnliche Effekte sollen über den Einsatz von Glutamin, Taurin und Glycerin möglich sein. So werden in industriell hergestellten Supplementen teilweise mehrere dieser Substanzen kombiniert.

Ein Kraftzuwachs durch Dextrose-Kreatin-Supplemente soll in ähnlicher Weise auch über Dextrose-Eiweiß-Supplemente erreicht werden, Massezuwachs jedoch nur durch Dextrose-Kreatin-Supplemente (Tarnopolsky et al. 2001).

Neueren Erkenntnissen nach ist der Eintritt von Kreatin und Glucose in die Blutbahn zeitlich verschieden, da konzentrierte Kohlenhydrate aufgrund kurzer Verdauungszeiten schneller resorbiert werden. Wenn die Kohlenhydrate über das Hormon Insulin in die Zellen eindringen, kann Kreatin nicht eingelagert werden, da es noch verdaut und resorbiert werden muss.

Lösung des Problems ist die wiederholte Kohlenhydratsupplementierung ca. eine halbe Stunde nach Zuführung des Kreatin-Eiweiß-Kohlenhydrat-Gemisches.

Aus Tabelle 6.14 wird ersichtlich, dass Kreatinsupplementierung, Zellvoluminisierung sowie die Superkompensation der Glykogenspeicher supplementtechnisch eng verknüpft sind.

Tabelle 6.14: Supplemente für Insulinsensibilität und Zellvoluminisierung

Förderung der Kreatineinlagerung	α-Liponsäure, Metformin, Chrompicolinat, Glucose
Förderung der Glykogeneinlagerung	Ornithin-α-Ketoglutarat, Glutamin, Vanadylsulfat, Metformin, Octacosanol
Zellvoluminisierung	Kreatin(monohydrat), Glutamin, Taurin, Glycerin
Verbesserung der Insulinsensibilität	α-Liponsäure, Metformin, Ornithin-α-Ketoglutarat, Vanadylsulfat, BCAA,

Der Muskelmasseaufbau wird nach Angaben von Campbell et al. (1999) durch Fleischverzehr mehr gefördert als durch pflanzliche Eiweiße oder eine ovo-laktovegetabile Ernährung.

2. Phase – Fettreduktion und Definition

Im Anschluss an die Masseaufbauphase beginnt die Definitionsphase als Vorbereitung für den Wettkampf. Endomorphe Sportler, die Körpermasse über hyperkalorische Diätführung aufgebaut haben, sollten längere Definitionsphasen einplanen als Nutzer der Variante mit positiver Stickstoffbilanz, da mehr Fettgewebe reduziert werden muss. Im Allgemeinen werden 2–3 Monate dafür verwendet. Auf welche Weise das Fettgewebe reduziert werden kann, ist aus entsprechenden Kapiteln im Buch zu entnehmen. Nach klassischer Art wird die Energieaufnahme wöchentlich um 500 kcal reduziert. Stark fettreduzierte, eiweißreiche Diätformen bilden dabei das Kernstück. Abschluss findet die Fettreduktion in der Ananas-Reis-Diät und Entwässerung des Körpers.

Entwässerung. Natriumarme, lactose- und glutenfreie Nähr- und Lebensmittel sollen in der Haut gespeichertes Wasser freisetzen bzw. die Einlagerung unterbinden. Dazu ist die Trinkmenge bis auf ca. 10 l Wasser täglich – über mehrere Tage – zu erhöhen. Ergebnis ist eine Maximierung der Arbeitsleistung der Niere. Kurz vor dem Wettkampf (1–2 Tage) wird die Flüssigkeitsaufnahme bis auf 2 l täglich reduziert. Teilweise bleibt die Flüssigkeitsaufnahme ganz aus. Ziel ist es, durch die angeregte Nierenleistung Wasser aus dem Gewebe zu ziehen. Diuretika, destilliertes Wasser (gesundheitsgefährdend!) und harntreibende Tees (z.B. Brennessel) verstärken diese Wirkung. Muskelfasern und Adern werden auf diese Weise deutlich sichtbar gemacht. Im Moment der besten Plastizität ist die Wettkampfreife erreicht. Vereinzelt nutzen Athleten unmittelbar vor dem Wettkampf Zucker- oder Salzlösungen, um die Muskelzellen mit Wasser zu füllen. Die Muskulatur wirkt dadurch massiver und härter als bei Athleten mit völligem Wasserentzug. Der Sportler muss allerdings sein Wettkampfprogramm bestritten haben, bevor das Wasser wieder in die Haut eingelagert wird und die Plastizität verloren geht.

Der Wettkampfathlet muss die Reaktion seines Körpers auf die Entwässerungsstrategie genau kennen, um im richtigen Moment die beste Form zu erreichen. Üben im Basistraining erspart Fehlschläge im Wettkampf. Die Entwässerung ist in Hinsicht auf die Gesundheit als risikoreich einzustufen. Gerade bei dem im Bodybuilding üblichen hohen Eiweißverzehr darf die Gefahr für die Nieren nicht unbeachtet bleiben. Es ist sinnvoll, nach dem Absetzen der Flüssigkeitsaufnahme Mineralstoffgemische mit wenigen Schlucken Wasser aufzunehmen, um elektrolytbedingte Kreislauf- und Reizleitungsstörungen zu minimieren.

Die Superkompensation als Maßnahme zur Steigerung der Muskelhärte und Platizitätssteigerung hat sich nicht bewährt bzw. hilft nur wenigen Athleten (Balon et al. 1997).

Einen graphischen Überblick zur Definitionsphase gibt Abbildung 6.4.

Abbildung 6.4: Übersicht zur Definitionsphase, am Zeitstrahl dargestellt.

2–3 Monate vor dem Wettkampf	energiedefinierte eiweißbetonte fettarme Diäten ketogene Diät Grundschema: Schaukeldiät durchschnittliche Energiereduktion zu Beginn: 500 kcal zunehmende Energiereduktion ca. 500 kcal pro Woche -> Fettreduktion
14 Tage vor dem Wettkampf	Steigerung der Flüssigkeitsaufnahme
Montag bis Freitag	Energieverhältnis Kohlenhydrate : Eiweiße 70 % : 30 % Salat, Obst, Reis, Nudeln, Geflügel, Fisch, Bohnen, Vitamin- und Mineralstoffpräparate Wasseraufnahme von 2 auf 5–8 l erhöht
Samstag/Sonntag	Eiweißtage: ca. 150–250 g Eiweiß (ca. 100 % der Energieaufnahme), Salat/Gemüse
Letzte Woche vor dem Wettkampf	
Montag Dienstag Mittwoch	bis 250 g Eiweiß pro Tag, kein Zucker/Salz/gepökelte Fleischwaren/Milchprodukte/glutenhaltige Getreide (Natrium-, Lactose- und Gluteninmeidung) -> Ananas-Reis-Diät, 1500–2000 kcal; fünf kleine Mahlzeiten Montag: 5–8 l Dienstag: 3–5 l oder 8 l Mittwoch: 2 l harntreibender Tee
Donnerstag	unbegrenzte Kohlenhydrataufnahme Kalium- und Vitamin-B_6-Präparate, bei Durst Lippen befeuchten oder Gurgeln Donnerstag: 0 l
Freitag (Wettkampf) Samstag (Wettkampf)	wenige Weintrauben, Kaffee in kleinen Schlucken, wenig Wasser mit Mineralstoffen

6.4 Basische Ernährung

Säure-Basen-Diäten sollten, dem Ziel nach, in zwei Formen unterschieden werden. Zum einen steht basische Ernährung als langfristige Form einer gesunden Ernährung. Kernstück ist die Vorbeugung bzw. Linderung von Krankheiten, die durch eine Übersäuerung der Gewebe bedingt sind.
Die Reduzierung von im Stoffwechsel säureproduzierenden Lebensmitteln steht dabei im Vordergrund. Nach den Aussagen der Vertreter basischer Ernährungsformen wären die häufigsten Zivilisationskrankheiten auf diese Weise zu verhindern oder zu bessern (Krebs, Arteriosklerose, Gicht, Herzinfarkte, Diabetes, Adipositas u.a.).
Für den Athleten ist die basische Ernährung praktisch nur als kurzfristige Wettkampfvorbereitung von Interesse. Es geht darum, der Milchsäureentstehung während einer Ausdauerleistung einen ausreichend großen Puffer entgegenzusetzen. Eine leistungsbedingte Übersäuerung der Muskulatur soll dadurch verzögert werden. Jedoch ist nicht bekannt, ob eine pH-Wert-Senkung der Körperflüssigkeiten oder das Milchsäuremolekül an sich eine Leistungsminderung bewirkt. Selbst wenn infolge basischer Ernährung eine pH-Wert-Senkung vermieden werden kann, sind die Milchsäuremoleküle, die stoffwechselbedingt gebildet wurden, vorhanden. Die leistungserhaltende Wirkung von Carbonatpuffern unter laktazidem Stoffwechselgeschehen, ist damit (neben einem gesundheitlichen Risiko) fraglich.

Die basische Ernährung wird vorrangig von Ausdauersportlern genutzt. Für Sportler, die erfolgreich eine ketogene, fettreiche, eiweißreiche oder hochglykämisch kohlenhydratreiche Diät anwenden, ist der praktische Nutzen einer basischen Ernährung theoretisch bedeutungslos. Basische Ernährung entspricht am ehesten einer vegetarischen Ernährung, d.h. eiweißhaltige Lebensmittel reagieren im postresorptiven Stoffwechsel als Säurebildner und müssten gemieden bzw. stark reduziert werden. Fleisch, Eier etc. sind in der täglichen Kost kaum enthalten. Problematisch erweist sich die niedrige Eiweißaufnahme für die Muskelregeneration, den Muskelaufbau und die Leistungsentwicklung. Neben den Eiweißen fördern auch raffinierte Zucker die Säurebildung. Der Einsatz von Zuckerlösungen (Glucose, Maltodextrin) wäre demnach ebenfalls nicht möglich. Es ist sinnvoller, die basische Ernährung auf die Zeit der unmittelbaren Wettkampfvorbereitung zu begrenzen. Mit dem Einstellen einer »basischen« Reaktion sollte der Wettkampf beginnen. Es muss damit gerechnet werden, dass lange Wartezeiten von mehreren Tagen im basischen Zustand zu Muskel- und Leistungsverlust führen können (Eiweißreduktion).

Für die Anwendung basischer Diäten werden in diesem Buch keine Beispieldiäten angegeben, da die Beeinflussung des pH-Wertes von individuellen Faktoren abhängig ist. Es wird nur dargestellt, welche Lebensmittel einen Basen- bzw. Säureüberschuss erzeugen (s. unten, Tab. 6.15). Wie strikt die Diät geführt werden muss, ist nur über Messungen des pH-Wertes im Urin (Blut) möglich. In Apotheken oder über Versandhäuser kann Indikatorpapier erworben werden, mit dem der pH-Wert des Urins bestimmt werden kann. Der Messbereich liegt zwischen 5,2 und 7,4. Da jedoch nur freie Säuren erfasst werden, kann der abgelesene Wert einen entsprechenden Fehler enthalten. Die Bestimmung erfolgt mehrmals am Tag (etwa alle 3 Stunden, 7.00 – 19.00 Uhr). Der durchschnittliche Wert aller Messungen sollte nicht unter 6,8 liegen.

Bei basischer Ernährung ist nicht entscheidend, wie sauer oder basisch ein vorliegendes Lebensmittel reagiert. Ausschlaggebend ist, ob es im Stoffwechsel mit einem Säure- oder Basenüberschuss den pH-Wert des Körpers beeinflussen kann.

Im Sinne einer basischen Diätführung sollte sich die tägliche Nahrungsaufnahme zu 80 % aus Salat, Gemüse, Rohkost und bestimmten Früchten und nur zu 20 % aus Fleisch, Wurst und Käse zusammensetzen. Ob das Verhältnis auf die tägliche Nahrungsmenge oder die Bruttoenergieaufnahme abzielt, wird nicht ersichtlich. Es ist aber anzunehmen, dass die Energieaufnahme bei basischer Diätführung unterhalb von 2000 kcal liegt. Athleten mit einem hohen Energiebedarf müssen mit Leistungseinbußen rechnen.

25 % der Bevölkerung reagieren nach Aussagen von Vertretern basischer Ernährung auf eiweißreiche Kost nicht mit Übersäuerung. Interessant wäre hier der Zusammenhang zu den 25 – 30 % der Bevölkerung, die durch hohe Kohlenhydrataufnahme und schnelle Insulinrezeptoren zu Adipositas und Diabetes neigen. Wären diese 25 % identisch, könnte ein Austausch von Kohlenhydrat- durch Eiweißenergie eine Alternative darstellen, den oben genannten Erkrankungen vorzubeugen (kohlenhydratintoleranter endomorpher Typ).

Lebensmittelauswahl. Der Energiegehalt der täglichen Mahlzeiten sollte rückläufig sein. Obst nur bis zum Mittag und rohe Gemüse und Salate nicht zum Abendbrot verzehren. Eine Mahlzeit nach 18.00 Uhr ist nicht vorgesehen. Es wird empfohlen, vor einer eiweißhaltigen Mahlzeit eine Portion Rohkost zu verzehren, um den Säuren des Eiweißstoffwechsels einen Basenüberschuss entgegenzustellen. Damit muskelkatabole Prozesse verhindert werden, empfiehlt sich der Einsatz von hochwertigen Aminosäurepräparaten.

Tabelle 6.15: Säuren-Basen-Wertigkeit von Nahrungsmitteln

Stark sauer	Gerstengrütze, Gerste, Ente, Huhn, Kalb, Reh, Hirsch, Rind (roh), getrocknete Linsen, Erdnüsse, Paranüsse, Quark, Handkäse, Schellfisch, Zander, Roggen-/ Weizen-/Graubrot, Haferflocken, Reis, Roggen, Teigwaren, Weizengraupen, Pferdebohnen, Rosenkohl; Hase, Kaninchen, Schwein, Schinken, Hecht, Flusslachs, Rotzunge, Schleie, Wurst, Eier, Käse, Süßwaren, Weißmehlprodukte, Speck, kohlensäurehaltige Getränke, Alkohol, Kaffee
Schwach sauer	Kommiss-/Weiß-/Knäckebrot, geschälter Weizen, Walnüsse, Margarine, Gans, Innereien, Hammel, Aal, Forelle, Flunder, Heilbutt, Hummer, Seelachs, Zwieback, geschälter Hafer, Maisstärke, Cornflakes, Reisstärke, Artischocken, Preiselbeeren, Schweineschmalz, Camembert, Emmentaler, Limburger, Parmesan, Rahmkäse, Kabeljau, Quark, Sahne, Vollkornprodukte, Nüsse
Neutral	weiße Bohnen, grüne Erbsen, Grün-/Rot- u. Wirsingkohl, Kohlrüben, Kürbis, Meerrettich, grüner Paprika, Schwarzwurzeln, Wassermelonen, Zwiebeln, Champignons, Knoblauch, Äpfel, Birnen, Erdbeeren, Heidelbeeren, Johannisbeeren, Sauerkirschen, Buttermilch, Molke, Joghurt, Milch Hirse, getrocknete, Erbsen, Haselnüsse, Mandeln, Wasser, naturbelassene Fette und Öle, Butter, frische Walnüsse, Kombination von basen- u. säurenspendenden Nahrungsmitteln

Schwach basisch	Spargel-/Blumen-/Weißkohl, Brunnenkresse, Endiviensalat, Radieschen, schwarzer Rettich, Sauerkraut, Tomaten, Pfifferlinge; Steinpilze, Ananas, Aprikose, Bananen, Brombeeren, Himbeeren, Datteln, Pfirsiche, Pflaumen, Kuh-/Mager-/Schafs-/Ziegenmilch, Rahm, Sahne, Blut, Gurken, Kohlrabi, Porreeknollen, Kopfsalat, Zichorienwurzel, Zuckerrüben, Esskastanien, Trockenobst, Pilze, Hülsenfrüchte, Rohmilch, kohlensäurefreies Mineralwasser
Stark basisch	weiße Bohnen (getrocknet), Lauchblätter, Karotten, rote Rübe, Sellerieknollen, Topinambur, Melasse, Dill, Löwenzahn, Mandarinen, Spinat, getrocknete Früchte, Oliven, Blattsalate, Gemüse, Obst, Kartoffeln

Verschiedenste Lebensmittel wie z.B. Hülsenfrüchte, Milch und Milchprodukte werden sowohl dem sauren als auch basischen Bereich zugeordnet. Begründungen dafür sind in den Standardwerken der basischen Ernährung nicht angegeben.

6.5 Kohlenhydrat-Fett-Trennkost

Wie im Kapitel 2 (Insulinproblematik) dargestellt, hängt die Fettgewebebildung durch Insulin von der Menge und dem glykämischen Index der Nahrungskohlenhydrate sowie der Menge an mitgelieferten Nahrungsfetten ab. Große Mengen leichtverdaulicher Kohlenhydrate bewirken einen starken Insulinausstoß. Insulin, das den Transport der Nährstoffe in die Muskelzelle fördert, sorgt gleichzeitig für die Einlagerung von Nahrungsfetten in die Fettzelle. Entgegenwirken kann man durch eine grundsätzlich fettreduzierte kohlenhydratbetonte Nahrung oder durch eine eiweiß- und fettreiche, aber kohlenhydratreduzierte Ernährung. Im ersten Fall sind starke Insulinschwankungen nicht ausgeschlossen, aber es ist wenig Nahrungsfett vorhanden, das in die Fettzellen eingelagert werden kann (Ausnahme: große Mengen hochglykämischer Mono- und Disaccharide werden in der Leber schnell zu Fett konvertiert und gespeichert). Durch kohlenhydratarme, fettreiche Ernährungsformen wird der Organismus neben Eiweiß hauptsächlich mit Nahrungsfett beliefert. Jedoch bleibt die Speicherung im Fettgewebe aus, da entsprechend der niedrigen

Kohlenhydratzufuhr weniger Insulin benötigt und sezerniert wird. Die Nahrungsfette werden an Stelle der Kohlenhydrate als Energiequelle herangezogen und verstoffwechselt.

Eiweiße sind durch andere Makronährstoffe nicht zu ersetzen. Im Interesse der Leistung des Athleten müssen muskelkatabole Prozesse abgefangen bzw. muskelregenerierende Prozesse gefördert werden. Eine adäquate Menge an Nahrungseiweiß darf demnach in der Ernährung des Sportlers nicht fehlen und bildet bei dieser Trennkost das nicht zu vernachlässigende Kernstück. Problematisch wirkt die Zusammensetzung einzelner Lebensmittel und Mahlzeiten. Eiweißquellen tierischer Herkunft besitzen ein hochwertiges Eiweiß, liefern aber gleichzeitig Fett. In Kombination mit kohlenhydrathaltigen Lebensmitteln wird nicht nur die Muskulatur mit Eiweiß und Kohlenhydraten, sondern auch das Fettgewebe mit Fett versorgt bzw. die Freisetzung von Fett aus den Speichern gehemmt.

Das Kombinieren von Eiweiß und Fett oder Eiweiß und Kohlenhydraten soll diesem Problem vorbeugen. Als bildliche Darstellung soll Eiweiß ein Baustein sein, der auf die Mauer (Muskelregeneration/-aufbau) gesetzt wird. Der Kran, der diese energetische Leistung vollbringt, entspricht im Beispiel der Fett- oder Kohlenhydratenergie. Es wird demzufolge in den Mahlzeiten darauf geachtet, mit welcher Energieform das Eiweiß kombiniert wird. Fette und Kohlenhydrate gleichzeitig zu konsumieren, sollte nach der Strategie der Fett-Kohlenhydrat-Trennkost vermieden werden. Eine Hilfe bei der Kombination gibt Tabelle 6.16.

Nicht zu verwechseln ist die Kohlenhydrat-Fett-Trennkost mit der Hayschen Trennkost, bei der Eiweiße und Kohlenhydrate getrennt aufgenommen werden sollten.

Tabelle 6.16: Einteilung der Lebensmittel nach Makronährstoffzusammensetzung

Kohlenhydrathaltige Lebensmittel	Fetthaltige Lebensmittel	Eiweißhaltige Lebensmittel
Zucker, Honig, Marmelade, Konfitüre, Sirup, Nudeln, Reis, Kartoffeln, Kartoffelprodukte, Brot, Müsli, Trockenfrüchte, Apfelmus, Gummibären, Bonbons, Zuckerkonzentrate (z.B. Dextrose)	Butter, Schmalz, Margarine, Öle	Fisch (außer Karpfenfischen), Geflügel, fettarmer Kassler, Sauermilchkäse, Hüttenkäse, Thunfisch im eigenen Saft (Konserve), Eiweißpulver

Kohlenhydrat-fett(eiweiß)haltige Lebensmittel	Eiweiß-kohlenhydrathaltige Lebensmittel	Eiweiß-fetthaltige Lebensmittel
Schokolade, Pizza, Pfannkuchen, Hamburger, Kuchen, Torten, Soße, Bratklopse, Panade, Süßigkeiten, Eis, Vollmilch, Speisequark, Knabbergebäck, Pommes frites	Erbsen, Bohnen, Linsen, Magerquark, entrahmte Milch, entrahmter Joghurt, Buttermilch, Weight Gainer	Tofu, Nüsse, Käse, Wurst, Fleisch, Gehacktes, Thunfisch in Öl, Karpfenfische, Oliven

Kombinationsmöglichkeiten:

- Kohlenhydrathaltige, eiweiß-kohlenhydrathaltige Lebensmittel sowie reine Eiweißträger, Obst und Gemüse: Es kommt zu verstärktem Insulinausstoß, aber geringfügiger Fettspeicherung, da kaum Nahrungsfette mitgeliefert werden.
- Fetthaltige, eiweiß-fetthaltige Lebensmittel sowie reine Eiweißträger, (kohlenhydratarmes, niedrigglykämisches Obst) und Gemüse: Mitgeliefertes Nahrungsfett wird als Energieträger verstoffwechselt und aufgrund niedriger Insulinspiegel nicht sofort gespeichert.

Mit der Kohlenhydrat-Fett-Trenndiät wird die Möglichkeit gegeben, bei größtmöglicher Lebensmittelauswahl eine Minimierung des Körperfettansatzes zu erreichen. Der praktische Nutzen ergibt sich für den Erhalt einer bereits optimalen Körperzusammensetzung z.B. über eine mehrwöchige Wettkampfphase. Die Bratwurst am Abend kann mit ruhigem Gewissen verzehrt werden, wenn anstelle des hellen Brötchens eine Portion Salat gereicht wird. Beispieldiäten zeigen Tabelle 6.17 und 6.18.

Tabelle 6.17: Beispieldiät 1 mit Training: 3000 kcal, davon 32 % Fett (108 g), 43 % Kohlenhydrate (311 g), 25 % Eiweiß (182 g), Ballaststoffe 50 g

1. Frühstück	1 Portion Tofu 100 g, 2 Esslöffel Olivenöl 24 g, Leinsamen 20 g, 2 Tomaten, grüner Tee
2. Frühstück	1 Portion Rohkostsalat 150 g, 1 Portion Thunfisch in Öl 65 g, Leinsamen 20 g, Nüsse 50 g
Mittag	2 Portionen Bratfisch 300 g, 3 Kartoffeln 240 g, 1 Portion Apfelmus 250 g
Vor/während dem Training	Maltodextrin 60 g, 1 Banane
Nach dem Training	Glucose 60 g, Eiweiß 40 g, 1 Apfel
Abendbrot	2 Vollkornbrötchen 120 g, Salatblätter als Streichfettersatz, Sauermilchkäse 50 g, 2 Scheiben Putenbrustaufschnitt 50 g, 1 Kohlrabi (frisch) 150 g, Kräutertee
	mindestens 2 l Mineralwasser über den Tag verteilt

Tabelle 6.18: Beispieldiät 2 ohne Training: 3000 kcal, davon 40 % Fett (136 g), 31 % Kohlenhydrate (236 g), 27 % Eiweiß (201 g), Ballaststoffe 51 g

1. Frühstück	10 Esslöffel Müsli 150 g, 2 Gläser Milch entrahmt 300 g, 1 Apfel
2. Frühstück/ Vormittag	2 Vollkornbrötchen 120 g, Salatblätter als Streichfettersatz, 2 Scheiben Putenbrustaufschnitt 50 g, Sauermilchkäse 50 g, 2 Joghurt entrahmt 300 g, 1 Banane, grüner Tee
Mittag	2 Portionen Steak 250 g, 1 Portion Pilze in saurer Sahne 250 g, 1 Portion Salat angemacht 120 g
Nachmittag	Nüsse 75 g, 1 Möhre
Abendbrot	1 Mozarella 125 g, 2 Tomaten, 2 Esslöffel Olivenöl 24 g, Leinsamen 20 g, Kräutertee
	mindestens 2 l Mineralwasser über den Tag verteilt

Die Effektivität dieser Ernährungsform wird beeinflusst durch den glykämischen Index der kohlenhydratreichen Lebensmittel sowie den Abstand zwischen den Mahlzeiten bzw. die Art von Zwischenmahlzeiten. Der zeitliche Abstand von einer fett- zu einer kohlenhydratreichen Mahlzeit sollte ausreichend lang sein, um eine »Überlagerung« von hohen Insulinspiegeln und dem Eintreten von Nahrungsfetten in die Blutbahn zu vermeiden (ca. 3 Stunden). Strategisch sinnvoll ist hier die Nutzung einer fett-kohlenhydratfreien Zwischenmahlzeit (z.B. Fisch oder hautloses Brathähnchen mit Rohkostsalat).

Durch niedrigglykämische Kohlenhydratquellen wird die Konvertierung von Glucose zu Fett in der Leber unterdrückt. Die Gefahr des Fettgewebewachstums kann so zusätzlich vermindert werden.

Von besonderem Interesse ist die Trennung von Kohlenhydraten und Fetten nur für einzelne »spontane« Mahlzeiten. Mit einem guten lebensmittelkundlichen Wissen kann der Athlet schnell auf »ernährungstechnische Ausnahmesituationen« reagieren. Ein Beispiel ist die Rast am Autobahnimbiss. Die Bock- oder Currywurst kann anstelle der Pommes frites mit einem grünen Salat, die Nudeln mit einer einfachen Tomatensoße ohne fettreiches Wurstgulasch kombiniert werden.

In letzter Zeit, wird versucht, diese Form der Ernährung bei gewichtsklassenabhängigen Sportarten (z.B. Kampfsport) und bei Sportlern von Sportarten mit niedrigkalorischer Kost (Skispringen) einzusetzen. Erste Fallbeispiele zeigen positive Ergebnisse in der Beeinflussung der Körperzusammensetzung bzw. der Kraftleistung (Prinzhausen, nicht veröffentlicht).

6.6 Vollwertige Mischkost

Die vollwertige Mischkost ist eine Kostform, die durch die Deutsche Gesellschaft für Ernährung (DGE) propagiert wird. Nach Aussagen der DGE ist diese Art der Ernährung als obligat einzustufen, um Übergewicht und Folgekrankheiten wie Diabetes, Arteriosklerose etc. vorzubeugen. Unterstützt werden diese Angaben durch mehrere Studien zur Gesunderhaltung über kohlenhydratreiche Ernährung. Kernstück der vollwertigen Mischkost ist die fettreduzierte, eiweißmoderate und kohlenhydratbetonte Energieversorgung.

Die DGE schlägt zehn Regeln für eine vollwertige Ernährungsführung vor. Getreide und Getreideprodukte sowie Kartoffeln stellen die zu bevorzugenden Nahrungsmittel dar, gefolgt von Gemüse und Hülsenfrüchten. Weitere große Gruppen sind Obst und Getränke. In abnehmender Menge folgen Milch und Milchprodukte, Fisch, Fleisch und Eier sowie Fette und Öle. Es soll darauf geachtet werden, dass Fett bzw. fettreiche Lebensmittel reduziert werden, da diese angeblich zur Bildung von Körperfettgewebe führen. Der Kochsalzkonsum ist wegen Hypertoniegefahr niedrig zu halten, und Kohlenhydrate sind bevorzugt in komplexer Form (hoher Ballaststoffanteil) aufzunehmen. Reichlich Gemüse, Kartoffeln und Obst bieten dafür die beste Möglichkeit. Tierische Eiweiße stellen wegen des mitgelieferten Fettes, der Purine und des Cholesterins eine Gefahrenquelle für Stoffwechselerkrankungen dar. Ihr Verzehr empfiehlt sich deshalb nur in moderaten Mengen, kombiniert mit pflanzlichen Eiweißquellen (0,8 – 1 g/kg Körpergewicht). Die Verteilung der Nahrungsmittelaufahme erfolgt über fünf bis sechs kleine Mahlzeiten am Tag, bei denen die Mittagsmahlzeit fett- und eiweißreicher gestaltet werden kann. Die Flüssigkeitsaufnahme sollte nicht unter 2 l täglich liegen (Tab. 6.19).

Tabelle 6.19: Charakteristika der vollwertigen Mischkost

Energieanteil der Fette	**30–35 % (reduzierte Aufnahme)**
Jeweils ca. ein Drittel aus gesättigten, einfach und mehrfach ungesättigten Fettsäuren; Verhältnis von ω-3- zu ω-6-Fettsäuren nicht über 1:5	
Energieanteil der Kohlenhydrate	**50–55 % (betonte Aufnahme)**
Lediglich 15% des Energiebedarfs über niedrigmolekulare Zucker decken	
Energieanteil der Eiweiße	**10–15 % (ca. 1 g/kg Körpergewicht, moderate Aufnahme)**
Kombinationswirkung pflanzlicher und tierischer Eiweiße beachten	
Tägliche Ballaststoffaufnahme	**30–60 g**
Tägliche Kochsalzaufnahme	< 5 g (jodiertes Salz bevorzugen)
Tägliche Cholesterinaufnahme	**< 200 mg**
Täglicher Obstverzehr	250 g verteilt über die Mahlzeiten
Täglicher Gemüseverzehr	**250 g verteilt über die Mahlzeiten**
Hühnereier	maximal 5 pro Woche

Die vollwertige Mischkost wird als die obligate Basisernährung für die Gesamtheit der Bevölkerung angesehen. Von Vorteil ist der angegebene Obst- und Gemüsekonsum in Hinsicht auf die Versorgung mit bioaktiven Substanzen, die Nutzung der Kombinationswirkung von pflanzlichen und tierischen Eiweißen sowie eine (durch die auf diese Ernährung ausgerichtete Lebensmittelproduktion) einfache Praktikabilität. Aufgrund des hohen Kohlenhydratanteils dieser Ernährungsform können die Glykogenspeicher in der Wettkampfvorbereitung gefüllt werden.

Problematisch scheint diese Form als Basisernährung jedoch für kohlenhydratintolerante Stoffwechseltypen. Die durch die kontinuierliche Kohlenhydrataufnahme erhöhten Insulinspiegel können zu den im Kapitel 2 (Insulinproblematik) erläuterten Problemen führen. Die langfristige Sättigung durch Eiweiße wird aufgrund der moderaten Zufuhr nicht ausgenutzt.

Des Öfteren »retten« sich Athleten von einer Mahlzeit zur nächsten, bedingt durch starke Blutzuckerschwankungen und dem Wechsel von Heißhunger, Müdigkeit und Überaktivität. In letzter Zeit kommen deshalb immer mehr Zweifel an einer grundsätzlich kohlenhydratbetonten, fettarmen Kostform in der Basisernährung der gesamten Bevölkerung auf:

- Es gibt keinen wissenschaftlichen Beweis dafür, dass die kohlenhydratbetonte Ernährung als obligat einzustufen ist.
- Es gibt offensichtlich keinen wirklichen wissenschaftlichen Beweis dafür, dass gesättigte Fette und Cholesterin für die Entstehung von Arteriosklerose und Folgekrankheiten wie Herzinfarkt oder Schlaganfall verantwortlich sind (Taubes 2001). Dass erhöhte Cholesterinspiegel ernährungstechnisch nicht zu beeinflussen sind, gilt offensichtlich nur im Rahmen der kohlenhydratbetonten Ernährungsformen (Nelson et al. 1995).
- Es gibt keinen wissenschaftlichen Beweis dafür, dass ein erhöhter Kochsalzkonsum Hypertonie bewirkt. Durch Schwitzverluste liegt die Kochsalzaufnahme bei Sportlern bis zu 30 g täglich.
- Die Notwendigkeit der Aufnahme von ω-6-Fettsäuren über Sonnenblumen- oder andere Pflanzenöle ist wahrscheinlich weniger sinnvoll als bisher angenommen.
- Ein Eiweißkonsum von 1 g/kg Körpergewicht ist für den Sportler nicht ausreichend. Muskelregeneration und -aufbau werden nicht gefördert. Der sättigende Effekt durch Eiweiß wird durch die verstärkte Energieaufnahme über Fette und Kohlenhydrate ersetzt. Nierenschäden durch Eiweißmengen von 2–3 g/kg Körpergewicht, wie bisher angenommen, konnten nicht nachgewiesen werden.
- Wahrscheinlich ist gerade die Kombination von Fetten und Kohlenhydraten (bei niedriger Eiweißaufnahme) ein Gefahrenfaktor für die Gesundheit, vor allem für langsame Stoffwechseltypen wie den endomorphen.

In einem Artikel des Wissenschaftjournals Science wurde dargestellt, dass eine wissenschaftliche Bestätigung für das gesundheitserhaltende Potenzial fettarmer Ernährung nicht gegeben sei. Über die bisher erschienenen Studien sei kein Zusammenhang zwischen fettreicher Ernährung und Arteriosklerose/Herzinfarkt, Übergewicht, Hyperlipoproteinämien und Krebs nachweisbar. Dass Fett trotzdem als Hauptursache für verschiedene Zivilisationserkrankungen verantwortlich gemacht werde, sei weniger eine wissenschaftliche, sondern eine Entscheidung amerikanischer Politiker gegen Ende der 60er-Jahre gewesen, die damit eine Hypothese hätten zum Dogma erstarren lassen (Taubes 2001).

Wie in der Einleitung zu diesem Buch erwähnt, treten bei Volksstämmen wie den Inuit, Aborigines oder Massai trotz fett-eiweißreicher, kohlenhydratarmer Ernährung keine der uns bekannten Zivilisationserkrankungen auf. Mit der Einführung kohlenhydratreicher und eiweißmoderater Ernährungsformen wurde bei Aborigines ein signifikantes Ansteigen von Diabeteserkrankungen registriert. Mit der Umstellung auf die ursprünglich eiweißreiche Ernährung ging die Anzahl der Erkrankungen zurück.

Warum diese Zeichen von der Ernährungswissenschaft übersehen werden, ist bei der heutigen Zunahme ernährungsbedingter Zivilisationskrankheiten unverständlich.
Die vollwertige Mischkost eignet sich, wie schon dargestellt, für die Basisernährung des ektomorphen Typs sowie die Wettkampfernährung (Füllung der Glykogenspeicher, effektive Energiebereitstellung) von meso- und endomorphem Typ. Vorsichtiger Umgang mit stark ballaststoffhaltigen bzw. laxierenden oder blähenden Nahrungsmitteln (Vollkornprodukten, Kohlgemüse, Hülsenfrüchte, Milch) während der Wettkampfzeit ist nötig, denn Magenverstimmungen beeinträchtigen die Leistung. Beispieldiäten zeigen die Tabellen 6.20 und 6.21.

Tabelle 6.20: Beispieldiät 1 : 3000 kcal, davon 31 % Fett (106 g), 52 % Kohlenhydrate (384 g), 16 % Eiweiß (120 g), Ballaststoffe 47 g

1. Frühstück	9 Esslöffel Müsli 135 g, 1 Glas Milch 3,5 % Fett 200 g, 1 Teelöffel Leinöl 6 g, 1 Apfel, Tee
2. Frühstück	1 Vollkornbrötchen 60 g, 2 Teelöffel Butter 10 g, 2 Portionen Käse (> 40 % Fett i.Tr.) 60 g, 1 Banane
Mittag	1 Portion Gulasch 125 g, 3 Tassen Nudeln gekocht 300 g, 1 Portion Rohkostsalat 150 g, 1 Glas Fruchtsaft 200 ml
Vor dem Training	1 Joghurt (1,5 % Fett) 150 g
Nach dem Training	1 Vollkornbrötchen 60 g, 2 Teelöffel Butter 10 g, 1 Portion Obstkonfitüre 25 g
Abend	3 Scheiben Vollkornbrot 135 g, 3 Teelöffel Butter 15 g, 1 Portion Wurst 25 g, 2 Esslöffel Speisequark 60 g, 1 Portion Käse (> 40 % Fett i.Tr.) 30 g, 2 Tomaten, Tee
	2 l Mineralwasser über den Tag verteilt

Tabelle 6.21: Beispieldiät 2: 3000 kcal, davon 32 % Fett (108 g), 51 % Kohlenhydrate (381 g), 15 % Eiweiß (111 g), Ballaststoffe 52 g

1. Frühstück	5 Tassen Cornflakes 100 g, 1,5 Glas Milch (3,5 % Fett) 300 g, 1 Apfelsine
2. Frühstück	2 Scheiben Vollkornbrot 90 g, 4 Teelöffel Butter 20 g, 1 Portion Käse (>40 % Fett) 30 g, 1 Portion Wurst 25 g, 1 Möhre, 1 Birne
Mittag	1 Portion Bratfisch 125 g, 4 Kartoffeln 320 g, 5 Esslöffel Soße 75 g, 1 Portion Rohkostsalat 150 g
Vor dem Training	1 Banane
Nach dem Training	1 Joghurt (3,5 % Fett) 150 g, 1 Glas Fruchtsaft 200 g
Abend	3 Scheiben Vollkornbrot 135 g, 3 Esslöffel Butter 15 g, Schweineschmalz 15 g, 1 Portion Wurst 25 g, 1 Portion Käse (>40 % Fett) 30 g, Radieschen 100 g, 1 Glas Fruchtsaft 200 g, 1 Apfel
	2 l Mineralwasser über den Tag verteilt

Die vollwertige Mischkost kann durch die vorgegebenen Rahmenbedingungen schlecht strategisch strukturiert werden. Nahrungsergänzungsmittel und Supplemente weden als nicht nötig eingestuft. Auf mögliche Effekte durch die strategische Positionierung konzentrierter Nährstoffe muss deshalb verzichtet werden.

6.7 Kohlenhydratreiche Diäten

Grundlagen

Stark kohlenhydratbetonte Kostformen können prinzipiell als Gegenteil ketogener Diäten eingestuft werden. Ketogene und kohlenhydratreiche Diäten sind »Extremformen« verzerrter Makronährstoffverhältnisse mit der Betonung auf einem Energieträger.

Zugunsten der Kohlenhydrataufnahme wird der Energieanteil der Fette zum Teil bis auf ein Minimum reduziert. Der Anteil der Fette am Bruttoenergiebedarf beträgt 20 %, bei sehr strikten Formen unter 10 %. Viele Sportler nutzen kohlenhydratreiche Diäten aus Gründen der schnellen und intensiven Energiebereitstellung sowie der Meidung eines verstärkten Fettansatzes (durch Überschneidungen hoher Insulinspiegel und Nahrungsfette im Blut). Die Lebensmittelauswahl erfolgt bevorzugt aus rein kohlenhydrathaltigen bzw. kohlenhydrat-eiweißhaltigen Lebensmittelgruppen. Für die Versorgung mit essenziellen Fettsäuren wird häufig auf Fischölkapseln zurückgegriffen.

Zur Eiweißversorgung werden Fisch, Hühnerei-Eiweiß, Magerquark, entrahmte Milch, Sauermilchkäse, Hüttenkäse, entrahmter Joghurt, Geflügel, fettarmes Kassler, Schweinelende und auch Eiweißpulver verwendet. Kohlenhydrate kommen hauptsächlich aus Brot, Brötchen, Müsli, Cornflakes, Nudeln, Kartoffeln, Obst, Gemüse, Apfelmus, Zucker, Honig, Konfitüren und auch Kohlenhydratsupplementen. Prinzipiell erfordert diese Art der Ernährung eine ähnliche Entschlossenheit wie bei ketogenen Diäten. Eine Beispieldiät zeigt Tabelle 6.22.

Tabelle 6.22: Beispieldiät: 3000 kcal, davon 9 % Fett (29 g), 65 % Kohlenhydrate (478 g), 25 % Eiweißenergie (185 g), Ballaststoffe 47 g

1. Frühstück	10 Esslöffel Müsli 150 g, 1 Esslöffel Eiweißpulver 10 g, entrahmte Milch 200 g, 1 Apfel, Tee
2. Frühstück	2 Vollkornbrötchen 120 g, 2 Portion Sauermilchkäse 60 g, 2 Portionen Putenbrustaufschnitt 50 g, 1 entrahmter Joghurt 150 g, Salatblätter als Butterersatz, 1 Ei 60 g
Mittag	3 Tassen gekochter Reis 300 g, Kochfisch 200 g, 1 Portion Rohkostsalat 150 g
Vor dem Training	60 g Maltodextrin (oder Molkepulver) in 1 l Wasser
Nach dem Training	60 g Traubenzucker, 30 g Eiweißpulver in 1 l Wasser
Abendbrot	3 Scheiben Vollkornbrot 135 g, 6 Esslöffel Kräutermagerquark 180 g, 2 Tomaten, Tee
Spätmahlzeit	1 Apfelsine, 1 Banane
	2 l Mineralwasser über den Tag verteilt

Geeignet scheint diese Art der Ernährung ausschließlich für ektomorphe Typen, für die eine hohe Kohlenhydrataufnahme kein Problem darstellt. Sinnvoll kann der Einsatz in der kurzfristigen Wettkampfernährung und zur Glykogenspeicherung für alle Stoffwechseltypen sein.

Probleme durch kohlenhydratreiche Diäten

Wird der Energieanteil der Fette sehr stark reduziert, verändert sich der Hormonhaushalt zuungunsten der körpereigenen anabolen Steroide. Nach verschiedenen Aussagen soll unterhalb 20 % Fettenergie angeblich eine Verminderung des Testosteronspiegels im Blut zu verzeichnen sein. Dementsprechend kann der Muskelaufbau erschwert werden.

Die Reduktion der Nahrungsfette betrifft nicht nur den Anteil gesättigter Fette. Auch die Aufnahme essenzieller Fettsäuren geht zurück. Unterhalb 5 % Fettenergie können Schäden an Haut und Haar festgestellt werden (durch die ebenfalls gestörte Aufnahme fettlöslicher Vitamine). Vor allem die Haut wird durch Membranschäden rissig, stumpf und trocknet aus. Zeichen dafür sind sich abschälende Hautschuppen, ähnlich einem Sonnenbrand. Abhilfe schafft hier neben Meeresfischverzehr das Einrühren von Leinöl oder Rapsöl in Quark oder Müsliprodukte. Bodybuilder in der Wettkampfvorbereitung nutzen zu diesem Zweck Fischölkapseln.

Mit der Reduktion des Nahrungsfettes als wichtigstem Aromaträger und einer dadurch bedingten geschmacklichen Einseitigkeit fettarmer Kostformen kann eine Verschiebung von komplexen zu konzentrierten Kohlenhydratquellen festgestellt werden. Die »süße« Geschmacksrichtung ersetzt die fehlende »herzhafte« Geschmacksrichtung. Starke Insulinschwankungen, Heißhungerattacken, Müdigkeit und Leistungseinbrüche sowie ein verstärkter Fettansatz resultieren daraus. Deshalb empfiehlt es sich, die Nutzung konzentrierter Kohlenhydrate strategisch über den Trainings- oder Wettkampfzeitraum zu begrenzen und die Versorgung des nicht trainingsgeprägten Tages mit komplexen Kohlenhydratquellen zu gestalten.

Stärke ist in Hinsicht auf Insulinschwankungen und Fettansatz ähnlich zu bewerten wie Zucker (Abb. 6.5). Komplexe Kohlenhydratquellen sind demnach nicht grundsätzlich stärkehaltigen Nahrungsmitteln gleichzusetzen. Entscheidend ist allein der Ballaststoffgehalt. Vollkornprodukte, Müsli, Obst, Hülsenfrüchte und Gemüse sind zu bevorzugen. Vorsichtiger ist mit Nudeln und Kartoffelprodukten umzugehen.

Honig, Weißbrot, Toast, Zucker, Konfitüren, Süßigkeiten etc. sollten sparsam verwendet werden.

Mit dem Bekanntwerden des ähnlichen glykämischen Verhaltens von Stärke und Zucker wurde von Seiten der zuckerherstellenden und -verarbeitenden Industrie die Aussage getätigt, Zucker könne bedenkenlos konsumiert werden, da mit der glykämischen Gleichstellung zur Stärke keine gesundheitlichen Probleme zu erwarten sein. Bezogen auf eine ernährungsphysiolgisch sinnvolle Maßgabe muss jedoch festgestellt werden, dass nicht der Zucker weniger bedenklich ist als reine Stärke, sondern dass reine Stärke genauso bedenklich ist wie Zucker. Allein der Ballaststoffgehalt bzw. auch vorhandene Nahrungseiweiße oder -fette, welche die Kohlenhydratverdauung verzögern, machen eine Kohlenhydratquelle komplex.

Ein zusätzliches Problem kohlenhydratreicher Diäten stellt das große Nahrungsvolumen bei hochkalorischer Ernährung dar. Energieaufnahmen von mehr als 3500 kcal sind nur durch ständige Nahrungsaufnahme möglich. Da der Organismus täglich nicht mehr als 600 – 800 g Kohlenhydrate verdauen kann, ist ein »Blähbauch« möglich. Als Gegenreaktion kann der Energieanteil der Eiweiße erhöht werden.

Abbildung 6.5: Blutzuckerkurve und konzentrierte Kohlenhydrate.

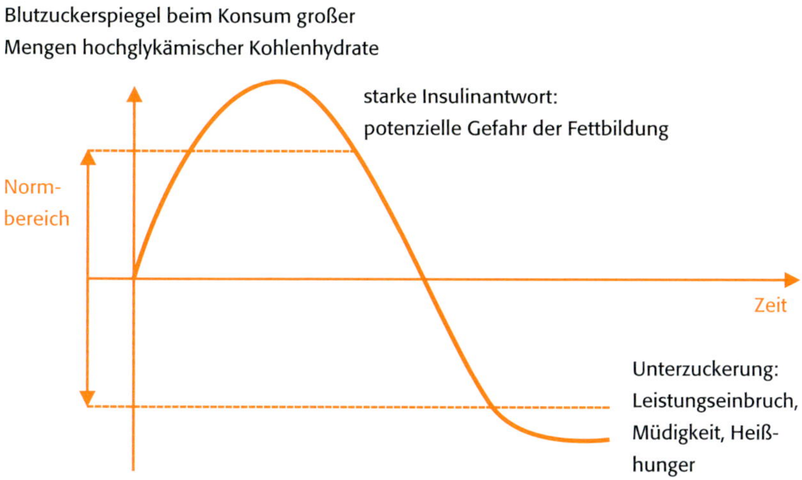

Offensichtlich ist bei Sportlern eine Nahrungsfettreduktion aus Gründen des verstärkten Fettansatzes unnötig (Brown et al. 2000). Außerhalb der Wettkampfzeiten ist die vollwertige Mischkost ausreichend und praktikabler. Zum Fettbildungsvermögen monogastrischer Säugetiere schreiben Jentsch und Derno (2002): »Der Gedanke, dass der Mensch sich über die unbegrenzte Aufnahme von Kohlenhydraten sättigen könne, nach dem Motto: Kohlenhydrate können soviel gegessen werden, wie man will, ohne das Fett angesetzt wird, ist nur bedingt richtig und irreführend (...) Schlussfolgernd ist festzustellen, dass der Mensch in beachtlichem Umfang zur Lipogenese aus Stärke in der Lage ist, wenn über den Verzehr die entsprechenden Kohlenhydratmengen zur Verfügung gestellt werden.«

Bei kohlenhydratreichen Diäten werden tierische Eiweißquellen aus Gründen der Fettaufnahme gemieden. Fehlt Eiweiß in der Ernährung, fallen langzeitige Sättigungseffekte weg. Viele Sportler verzehren zum Frühstück Müsli und Milch. Wenig später wird erneut Hunger bemerkt. Als Gegenmaßnahme wird die Müslimenge erhöht, um eine bessere Sättigung zu erreichen. Dennoch meldet sich der Hunger wenige Zeit später wieder. Dieser Hunger hängt auf der einen Seite mit dem sinkenden Blutzuckerspiegel, zum anderen mit der geringen Eiweißzufuhr zusammen. Wird ein Teil des Müslis durch Eiweißenergie ersetzt, verspürt der Athlet eine länger anhaltende Sättigung. Außerhalb des Wettkampfes oder des Trainings erweist es sich als sinnvoller, Kohlenhydrate und Eiweiße in einer Mahlzeit zu kombinieren.

Für die Wettkampfernährung sind Kohlenhydrate als optimale Energiequelle einzustufen. Sie liefern effizienter und schneller Energie als andere Nährstoffe. Neben der Verzögerung von Ermüdungserscheinungen, der Aufrechterhaltung von Koordination und Konzentration sowie der Schonung der Muskelspeicher fördern Kohlenhydrate die Regeneration durch Verkürzung der Erholungszeiten.

Der limitierende Faktor für die Energiefreisetzung unter starker körperlicher Belastung ist die aufgenommene Sauerstoffmenge. Gut trainierte Athleten können bis zu 6 l/min aufnehmen, Nichtsportler dagegen nur ca. 3 l/min. Im Glucosemolekül ist mehr Sauerstoff gebunden ist als in Fett oder Eiweiß, dementsprechend wird weniger für die »Verbrennung« benötigt. Die Energiefreisetzung aus Kohlenhydraten ist damit am effizientesten. Bei einer begrenzten Sauerstoffmenge wird aus Glucose mehr

Energie freigesetzt als aus Fett oder Eiweiß. Abgeleitet werden kann dieser Vorgang über das kalorische Äquivalent der Nährstoffe. Dieses beträgt für Kohlenhydrate 5,05 kcal, für Fett 4,65 kcal und für Eiweiß 4,50 kcal/l Sauerstoff.

Zur Verdeutlichung hier ein Rechenbeispiel:
Sportler A ernährt sich kohlenhydratreich. Sein Sauerstoffaufnahmevermögen beträgt 5 l/min. Die freigesetzte Energiemenge bei einem kalorischen Äqivalent von 5,05 kcal/l Sauerstoff beträgt 25,25 kcal/min. Bei 1 Stunde ergibt sich eine nutzbare Gesamtenergie von 1515 kcal.

Sportler B ernährt sich fettreich. Sein Sauerstoffaufnahmevermögen beträgt ebenfalls 5 l/min. Die freigesetzte Energie bei einem kalorischen Äquivalent von 4,65 kcal/l Sauerstoff beträgt 23,25 kcal/min. Bei 1 Stunde ergibt sich eine nutzbare Gesamtenergie von 1395 kcal. Die Differenz zur kohlenhydratreichen Diätführung beträgt 120 kcal pro Stunde.

Neben der Effizienz der Kohlenhydrate für die Energiebereitstellung ist auch der Effekt auf das Immunsystem und die Stresshormonausschüttung (Cortisol) während einer körperlichen Belastung entscheidend. Immunsuppressive Auswirkungen bzw. Abweichungen vom Normbereich immunologischer Aktivität sowie die Konzentration sezernierter Stresshormone können unter Kohlenhydratsupplementierung während des Trainings oder Wettkampfes vermindert werden (Gleeson et al. 2001).

Bei hochkalorischer, kohlenhydratreicher Ernährung sollte unbedingt auf eine angemessene Vitamin- und Mineralstoffversorgung geachtet werden, da die durch die reichlich verzehrte Kohlenhydratmenge erzeugte Sättigung und »Überfüllung« zur Verdrängung von Gemüse und Obst vom Speiseplan führt.

6.8 Schaukeldiäten

Reduktionsdiäten mit täglich gleichem Bruttoenergiegehalt können eine Stoffwechselverlangsamung bewirken. Der Organismus passt sich an, d.h. er ist bestrebt, dem reduzierten Energieangebot einen niedrigeren Energieverbrauch entgegenzusetzen. Körpereigene Speicher sollen so geschont werden.

Personen, die über längere Zeiträume niedrigkalorische Diäten anwenden, um Fettgewebe zu reduzieren, lösen solche Stoffwechselverlangsamungen aus. In dieser Situation führt eine weitere Energiereduktion, falls überhaupt noch möglich, nicht zur Veränderung der Körperzusammensetzung bzw. einer Körperfettverminderung. Zusammengefasst werden kann dieser Prozess unter dem Begriff »Stoffwechselfalle«.

Um eine Stoffwechselverlangsamung zu verhindern, muss der Organismus gezwungen werden, die Geschwindigkeit der Stoffwechselprozesse aufrechtzuerhalten. Weitere Angaben zur Stoffwechselaktivität können dem Kapitel 6.9 entnommen werden.

Schaukeldiäten sind die Kombination mehrerer Einzeldiäten (Tagespläne) mit stark schwankenden Bruttoenergiewerten. Die Tage mit verminderter Energieaufnahme sollen ein Energiedefizit erzeugen, wodurch der Körper gezwungen wird, Speicherenergie freizusetzen. Zwischengeschaltene energiereiche Tage sollen den Stoffwechsel fordern und die Stoffwechselgeschwindigkeit aufrechterhalten. Der Durchschnitt der Energiewerte der einzelnen Tage des Schaukeldiätprogrammes wird hypokalorisch bilanziert. Der gleichbleibenden Stoffwechselrate wird ein reduziertes Energieangebot gegenübergestellt. Das Energiedefizit muss über die Freisetzung von Speicherenergie (Körperfett) ausgeglichen werden. Zusätzlich ist es möglich, die Bilanzierung der Energieverhältnisse der Makronährstoffe so zu gestalten, dass Effekte fettreicher, eiweißreicher und/oder kohlenhydratreicher Ernährungsformen in einem Programm genutzt werden können (Abb. 6.7, 6.8)

Abbildung 6.7: Gewichtsreduktion über herkömmliche Reduktionsdiäten (1) und Schaukeldiäten (2).

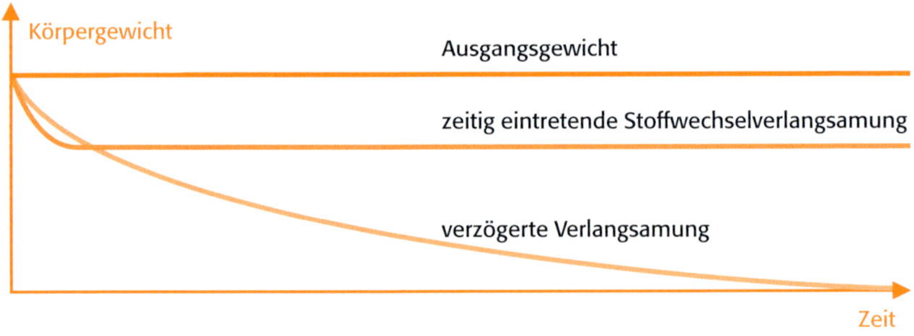

Abbildung 6.8: Energieverteilung bei herkömmlicher Reduktionsdiät (1) und Schaukeldiät (2).

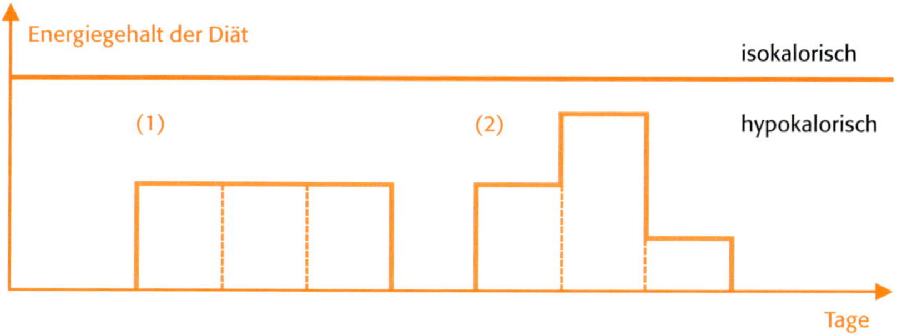

Schaukeldiäten finden nicht nur im hypokalorischen Bereich Anwendung. Sportler nutzen die »Reizung« des Stoffwechsels durch unterschiedliche Bruttoenergieaufnahmen auch im iso- oder hyperkalorischen Bereich. So soll verhindert werden, dass sich der Körper auf ein bestimmtes Energieniveau einstellt.

Selbst bei schnellem Stoffwechsel, hochkalorischer Diät gleichen Energiegehaltes und mehrstündigem, aber konstantem Training am Tag, lernt der Organismus, energieverbrauchende Prozesse zu unterdrücken. Der Stoffwechsel lernt, effektiver zu arbeiten bzw. mit einem bestimmten Energieangebot besser zu haushalten. Hier könnte auch die Ursache für teilweise niedrigere Bruttoenergieaufnahmen vieler Athleten im Vergleich zu Tabellenwerten liegen. Nachteilig kann sich diese Gewöhnung für die Leistungssteigerung und die Muskelbildung auswirken, da entsprechende Reize durch Training und Ernährung ausbleiben.

Im nachfolgend aufgeführten Fallbeispiel (Tab. 6.23 bis 6.27) wird das Schaukeldiätprogramm einer Kraftsportlerin dargestellt. Als täglicher Energiebedarf wurden 2000 kcal bestimmt. Berechnet wurden drei Diäten unterschiedlichen Energiegehaltes. Teildiät 1 wurde mit 1400 kcal 600 kcal niedriger als der isokalorische Bedarf und eiweißfettreich bilanziert. Teildiät 2 wurde mit 2000 kcal eiweißmoderat und kohlenhydratbetont, Teildiät 3 mit 1000 kcal eiweiß- und kohlenhydratbetont bilanziert.

Das Programm gestaltete sich wie folgt:

Tabelle 6.23: Schaukeldiät, zeitlicher Ablauf (1)

1. Tag	2. Tag	3. Tag	4. Tag
Teildiät 1	Teildiät 1	Teildiät 2	Teildiät 3

Das Körpergewicht der Athletin änderte sich nicht, jedoch wurde das Körperfett reduziert. Offensichtlich fand parallel zum Fettabbau ein Muskelaufbau statt. Anabolika oder andere leistungssteigernde Supplemente wurden nicht verabreicht. Um das Körpergewicht zu reduzieren, wurde das Programm nach 6 Wochen modifiziert. Teildiät 1 am 2. Tag wurde durch Teildiät 3 ersetzt.

Tabelle 6.24: Schaukeldiät, zeitlicher Ablauf (2)

1. Tag	2. Tag	3. Tag	4. Tag
Teildiät 1	Teildiät 3	Teildiät 2	Teildiät 3

Die zeitliche Dauer des Programmes richtet sich nach dem Ziel, d.h. wie viel Körpergewicht reduziert werden muss. Durchschnittlich 8 Wochen müssen eingeplant werden. Der Vorteil dieses Schaukeldiätprogrammes liegt im Gewichtsverlust bei offensichtlich gleichzeitiger Muskelstärkung (Prinzhausen, nicht veröffentlicht).

Tabelle 6.25: Schaukeldiät, Teildiät 1

1. Frühstück	2 Esslöffel Müsli 30 g, 1 Glas Milch (3,5 % Fett) 200 g, 1 Möhre, Tee
2. Frühstück	Nüsse 25 g, grüner Tee
Mittag	3 Esslöffel Speisequark 90 g, frische Kresse, 2 Eier 120 g
1 Stunde vor dem Training	2 Esslöffel Müsli 30 g, 1 Glas Milch (3,5 % Fett) 200 g
30 min vor dem Training	1 Tasse Kaffee, (BCAA-Supplementierung)
Nach dem Training	Eiweißdrink 10 g (Pulver in Wasser)
Abendbrot	1 Steak 125 g, Radieschen 60 g, 1 Tomate 60 g, frische Petersilie
	2 l Wasser über den Tag verteilt

Tabelle 6.26: Schaukeldiät, Teildiät 2

1. Frühstück	8 Esslöffel Müsli 120 g, 1 Teelöffel Leinöl 6 g, 1 Glas entrahmte Milch 200 g, Kaffee oder Tee
2. Frühstück	1 entrahmter Joghurt 150 g, 1 Apfel, Kamillentee
Mittag	1 Portion Kochfisch 150 g, 3 Tassen Reis gekocht 300 g, frischer Schnittlauch, rote Bete in Essigmarinade 200 g
1 Stunde vor dem Training	3 Esslöffel Magerquark 90 g, Ananas 70 g
30 min vor dem Training	1 Molkedrink (10 g Pulver in Wasser) (BCAA-Supplementierung)
Nach dem Training	Eiweißdrink (10 g Pulver in Wasser)
Abendbrot	3 Tassen Nudeln gekocht 300 g, Tomatensoße 200 g, 1 Birne oder Pfirsich Johanniskrauttee
	2 l Wasser über den Tag verteilt

Tabelle 6.27: Schaukeldiät, Teildiät 3

1. Frühstück	1 Banane, 1 Eiweißdrink (20 g Pulver in Wasser), Kaffee oder Tee
2. Frühstück	1 Tomate, 1 Möhre, 1 Gemüsepaprikaschote
Mittag	Putenschnitzel 200 g, 2 Tassen Reis gekocht 200 g, geriebener Meerrettich, 1 Apfelsine, grüner Tee, 1 Tablette Vitamin-/Mineralstoffkomplex (1fache Tagesdosis)
1 Stunde vor dem Training	1 Eiweißdrink (20 g in Wasser)
30 min vor dem Training	BCAA-Supplementierung
Nach dem Training	1 Eiweißdrink (20 g in Wasser)
Abendbrot	grüne Bohnensuppe 300 g, 1 Portion Rohkostsalat 150 g, Anis-Fenchel-Kümmel-Tee
	2 l Wasser über den Tag verteilt

Diese Form der Schaukeldiät hat sich in der Praxis im Skispringen, Judo, Bodybuilding und Sprint bewährt. Demnach scheint keine Sportartenspezifität vorzuliegen.

6.9 Stoffwechselaktivität

Wie schnell oder intensiv Muskulatur aufgebaut, Fettgewebe abgebaut, Nährstoffe in die Zelle ein- oder aus der Zelle auslagert werden, ist von der Stoffwechselaktivität und damit der Stoffwechselgeschwindigkeit abhängig. Endomorphe Typen zeichnen sich durch einen langsamen Stoffwechsel aus. Der Grundumsatz ist im Vergleich zum meso- und ektomorphen Typ niedriger.

Die Stoffwechselgeschwindigkeit und die Grundumsatzhöhe nehmen vom endomorphen über den mesomorphen zum ektomorphen Typ hin zu. Die Schwankungen im Grundumsatz werden inzwischen mit ca. 1000 kcal angegeben. Damit kann der tägliche Grundumsatz typenbedingt zwischen (1000–)1500–(2000–)2500 kcal liegen.

Es ist davon auszugehen, dass die Stoffwechselaktivität genetisch determiniert ist. Dennoch lässt sie sich durch verschiedene Maßnahmen in einem bestimmten Rahmen beeinflussen.

Im Kapitel Schaukeldiäten wurde schon auf die »Stoffwechselfalle« hingewiesen. Die langfristige Anwendung niedrigkalorischer Kostformen kann zu einer Inaktivierung des Stoffwechsels führen. Die Stoffwechselgeschwindigkeit nimmt ab, und der Stoffwechsel schläft ein. Problematisch an dieser Situation ist, dass eine weitere Verminderung der zugeführten Energie als Maßnahme zur Gewichtsreduktion ausscheidet und der Körperfettanteil nicht weiter zu reduzieren ist. Verstärkt wird dieser Effekt durch eiweißarme und kohlenhydratreiche (Insulinproblematik) Ernährung.

Das Einpendeln auf einem bestimmten Stoffwechselniveau ist auch bei Sportlern zu beobachten, deren Lebensmittelauswahl, Energieaufnahme und körperliche Belastung täglich gleich ist. Auch hier lernt der Körper, effizienter mit der Energie zu haushalten, sodass die Speicherung von Fett im Gewebe möglich wird. Allerdings ist der Organismus des Athleten aufgrund des hohen Stoffwechselniveaus schneller zu beeinflussen.
Eine leicht energiereduzierte Nährstoffzufuhr und/oder das Anheben der körperlichen Aktivität reichen aus, um neue Stoffwechselreize auszulösen.

Schwieriger gestaltet sich die Aktivierung des Stoffwechsels bei Sportlern, die sportartenbedingt streng hypokalorische Kostformen bevorzugen, um langfristig niedrige Körpergewichte zu halten (Turnen, Tanz, Skispringen, Eiskunstlauf). Wie schon dargestellt, ist eine Verminderung der Nahrungsenergie nicht mehr möglich, um die Körperzusammensetzung zu beeinflussen. Eine schnelle Gewichtsverringerung bzw. Änderung der Körperzusammensetzung ist ausgeschlossen und kann erst nach einer Stoffwechselaktivierung erfolgen.

Zur Lösung des Problems wird das im Folgenden dargestellte zweistufige System verwendet.

1. Stufe – Aktivierung des Stoffwechsels

Die Ernährung wird hyperkalorisch (im Vergleich zum Ist-Wert) bilanziert und eiweißreich gestaltet. Sojabohnen bzw. Sojaeiweiß hemmen fettgewebeaufbauende körpereigene Östrogene und stimulieren die Schilddrüsenaktivität und Grundumsatzhöhe. Der Eiweißstoffwechsel ist für den Organismus aufwendig, d.h. eiweißreiche Kost aktiviert den Stoffwechsel bzw. verhindert abnehmende Stoffwechselraten (Agus et al. 2000).

Mit Jodsalz verarbeitete Lebensmittel sowie Meeresfisch fördern die Aktivität der Schilddrüsenhormone, die wiederum den Grundumsatz erhöhen. Zusätzlich sollte die körperliche Aktivität gesteigert werden (Sport), um Speicherfett freisetzende Prozesse zu fördern.

Reagiert der Organismus nicht auf Ausdauersport, kann auch Kraftsport zur Stoffwechselaktivierung beitragen. Durch den Kraftsport aufgebaute Muskulatur erhöht den Grundumsatz und steigert den Energieumsatz und damit die Fettverbrennung während der Ruhezeiten (Bryner et al. 1999). Nach der Strategie eiweißreicher Kostgestaltung (s. Kap. 6.3) werden diese Prozesse bei niedrigem Blutzucker- bzw. Insulinspiegel gefördert. Die Abendmahlzeit sollte dementsprechend kohlenhydratarm bilanziert werden.

Scharfe Gewürze, Guggulsteron (auch in Kombination mit Cholin) unterstützen die Thermogenese und Schilddrüsenaktivität.

In dieser ersten Phase muss eventuell mit einer Gewichtszunahme gerechnet werden, da sich die Muskulatur erholt, dass Fettgewebe aber nicht oder nur kaum reduzieren wird.

2. Stufe – Körperfettreduktion

Für Personen, deren Stoffwechsel zur Verlangsamung neigt, sind energiereduzierte Schaukeldiäten zur Gewichtsreduktion am geeignetsten (s. Kap. 6.8). Ob die Diät fett-, eiweiß- oder kohlenhydratbetont gestaltet wird, hängt vom persönlichen Stoffwechseltyp ab. Der langsame endomorphe Typ wird dabei auf eine eiweißreiche Form nicht verzichten können. Gewichtsreduktionen beim Sportler sollten ernährungstechnisch grundsätzlich eiweißbetont gestaltet werden, um Muskelverluste zu minimieren.

Im streng hypokalorischen Bereich (< 1200 kcal pro Tag) muss teilweise auf eine eiweiß-ketogene Diät umgestellt werden, um entsprechende Gewichtsverluste einzuleiten. Unterstützende Wirkung kann hier der Einsatz von Pyruvat oder Hydroxyzitronensäure bringen.

In Zusammenhang mit der Stoffwechselaktivität findet auch Cholesterin eine neue Bewertung. Als Vorstufe des Testosterons soll es einen entscheidenden Faktor für die Körperzusammensetzung im Alter spielen. Niedrige Cholesterinspiegel im Blut bzw. eine geringe Aufnahme an Cholesterin (und Nahrungsfetten) sollen die Testosteronsynthese nachhaltig beeinflussen. Die Fettgewebebildung wird damit gefördert (Di Pasquale 1996). Neueren Studien nach ist Arteriosklerose nicht ausschließlich auf Nahrungscholesterin zurückzuführen. Die wissenschaftliche Arbeit konzentriert sich derzeit auf die Wirkung der Aminosäure Homocystein, die maßgeblich zur Entstehung von Gefäßverengungen beitragen soll (Diuric et al. 1999). Warum Cholesterin als Ablagerung in Gefäßplaques zu finden ist, könnte, wie am Anfang des Buches erklärt, an der Kombination von Kohlenhydraten und Fetten in der Mischkost liegen. Neue Theorien erklären Hypercholesterinämien als stark endogen beeinflussten Prozess. Danach sind erhöhte Insulinspiegel für die körpereigene Cholesterinsynthese verantwortlich. Insulin lagert Fett in die Zellen ein und sorgt parallel dazu für die Bildung neuer Zellmembranen über die Bereitstellung von Cholesterin.

Um die Stoffwechselaktivität bzw. -geschwindigkeit auf hohem Niveau zu halten und den Fettansatz zu minimieren, nutzen Bodybuilder die Reizung des Stoffwechsels durch täglich schwankende Energiewerte, ähnlich einer Schaukeldiät. Eine andere Möglichkeit ist es, Ernährung und körperliche Aktivität alle 2–3 Monaten umzustellen.

Körpergewichtsreduktion bei »eingeschlafenem« Stoffwechsel und niedrigkalorischer Diät

Die tägliche Energieaufnahme eines Athleten wurde mit 1100 kcal und einer Eiweißaufnahme von 1 g/kg Körpergewicht bestimmt. Eine signifikante Reduktion der täglichen Energiezuführung ist damit im Bezug auf einen Leistungs- und Gesundheitserhalt nicht möglich. Eine bilanzierte Schaukeldiät mit einem durchschnittlichen Energiewert von 1000 kcal und einem erhöhten Eiweißanteil von 1,5 g/kg Körpergewicht soll eine Aktivierung des Stoffwechsels bewirken. Zusätzlich wird ein

Schalttag mit Gemüse, Fruchtsaft und Tees eingeplant, um den Körper zu zwingen, Speicherenergie freizusetzen. Beispieldiäten zeigen die Tabellen 6.28 und 6.29.

Tabelle 6.28: Diät 1: 820 kcal, davon 9 % Fett (9 g), 51 % Kohlenhydrate (104 g), 37 % Eiweiß (76 g), Ballaststoffe 31 g

1. Frühstück	1 Scheibe Vollkornbrot 45 g, Putenbrustaufschnitt 50 g, Salatblätter als Streichfettersatz, Kräutertee
2. Frühstück	1 Apfel, 1 Möhre, 1 Joghurt entrahmt 150 g
Mittag	Kochfisch 200 g, 1 Portion Gemüse gedünstet 200 g, Tee
Nachmittag	1 Apfel, 1 Apfelsine
Abend	1 Scheibe Vollkornbrot 45 g, 3 Esslöffel Magerquark 90 g mit frischer Petersilie und Schnittlauch, Rohkostsalat 200 g, Kräutertee
	2 l Mineralwasser über den Tag verteilt

Tabelle 6.29: Diät 2: 1300 kcal, davon 21 % Fett 31 g, 54 % Kohlenhydrate 173 g, 22 % Eiweiß 71 g, Ballaststoffe 31 g

1. Frühstück	3 Tassen Cornflakes 60 g, 1 Glas Milch (1,5% Fett) 200 g, Kräutertee
2. Frühstück	1 Apfel, 1 Möhre, 1 Joghurt entrahmt 150 g
Mittag	Putenschnitzel 200 g, 2 Kartoffeln 160 g, 1 Portion Gemüse gedünstet 200 g, Tee
Nachmittag	1 Apfel, 1 Apfelsine
Abend	1 Scheibe Vollkornbrot 45 g, 2 Teelöffel Margarine 10 g, Putenbrustaufschnitt 50 g, 1 Joghurt entrahmt 150 g, Kräutertee
	2 l Mineralwasser über den Tag verteilt

Diät 3/Schalttag: Fruchtsaft (ohne Zuckerzusatz), Tee, Mineralwasser, Paprika, Möhren, Radieschen, Kohlrabi, Tomate, 1 Esslöffel Leinöl, 1 Vitamintablette (einfache Tagesdosis).

Die Reihenfolge der Diäten ergibt folgendes Schema (Abb. 6.9): 2 aufeinanderfolgende Tage Diät 1, 2 Tage Diät 2, anschließend der Schalttag. Dieses Schema wird kontinuierlich wiederholt, bis das gewünschte Körpergewicht erreicht ist.

Abbildung 6.9: Schema zur Stoffwechselaktivierung und Gewichtsreduktion bei niedrigkalorischer Kost.

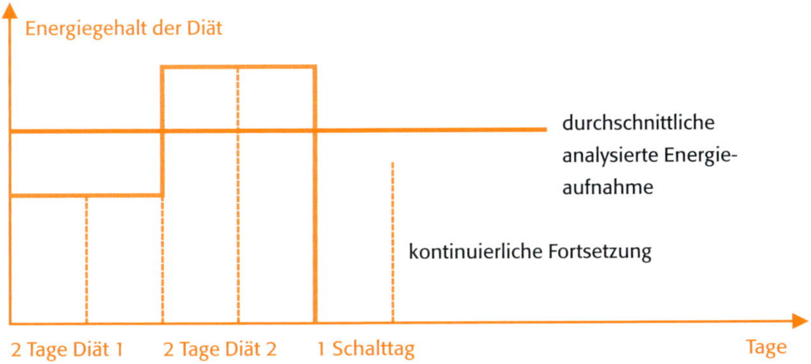

Eiweiß-ketogene Diäten

Diese stellen eine psychisch und physisch anstrengende Strategie im Bezug auf die Stoffwechselaktivierung und Gewichtsreduktion dar. Bei streng hypokalorischer Kost wird der Eiweißanteil maximiert. Fette und Kohlenhydrate werden reduziert. Die Vitamin- und Mineralstoffversorgung wird über frisches Gemüse und weniger über kohlenhydratarme Früchte gesichert (Tab. 6.30). Der Einsatz von Vitamin- und Mineralstoffpräparaten ist jedoch angebracht.

Tabelle 6.30: Beispiel für eine eiweiß-ketogene Diät: 1000 kcal, davon 52 % Fett (85 g), 5 % Kohlenhydrate (13 g), 43 % Eiweiß (106 g), Ballaststoffe 31 g

1. Frühstück	0,5 Mozarella 60–65 g, 1 Tomate 60 g, Leinsamen 10 g
2. Frühstück	Nüsse 25 g, Sojamilch 100 g
Mittag	1 Putenschnitzel 125 g, 1 Möhre 80 g
Vesper	Sojamilch 100 g
Abendbrot	Kochfisch 200 g, Kopfsalat 100 g, Leinsamen 10 g
	Mindestens 0,5 l Kräutertee und 1,5 l Mineralwasser über den Tag verteilt

Der Kohlenhydratanteil ist mit 5 % auf ca. 10 g täglich reduziert. Die Wirkung und Probleme ketogener Diäten sind im Kapitel ketogene Diäten beschrieben.

Die Anwendung fettreicher ketogener Diäten gilt für die hochkalorische Nahrungsaufnahme im Bereich über 2000 kcal täglich. Eiweiß-ketogene Diäten sind das Gegenstück im niedrigkalorischen Bereich weit unterhalb 2000 kcal, bei deren Bilanzierung auf einen hohen Eiweißanteil geachtet werden muss.

Allgemein kann zum Thema Gewichts- bzw. Körperfettreduktion festgestellt werden: Hungern ist als Mittel ungeeignet. Stoffwechselverlangsamung, Muskelverlust, psychische Belastung, kurzfristige Handhabung, Leistungseinbrüche, Jojo-Effekt etc. lassen anfängliche Erfolge schnell stagnieren oder ins Gegenteil umschlagen. Werden dem Körper schlechte Zeiten signalisiert (Hungern –> Nährstoff-/Energiemangel), werden Sparprozesse aktiviert. Der Organismus geht sparsam mit seinen Fettreserven um, damit das Leben in der »schlechten« Zeit gesichert werden kann. Der Erfolg der Körperfettreduktion liegt darin begründet, dem Körper einen Nährstoffüberfluss zu signalisieren und zwar so, das der Organismus bei isokalorischer Ernährung ausreichend gesättigt ist. Fett-eiweißreiche Ernährungsformen bieten hierfür günstige Voraussetzungen.

Personen mit einer Eiweißaufnahme von 1 g/kg Körpergewicht waren bei einer erhöhten Eiweißaufnahme von mehr als 1,5 g/kg Körpergewicht und einer gleichzeitig reduzierten Energieaufnahme von bis zu 500 kcal ausreichend gesättigt, um diese Ernährungsumstellung problemlos langfristig anzunehmen. Das erzeugte Energiedefizit führte langsam zum Abbau von Körperfett und einer Neutralisation des Körpergewichtes bzw. der Körperzusammensetzung (Prinzhausen, nicht veröffentlicht).

Fett kann vom Organismus in großen Mengen gespeichert werden. Die Kohlenhydratspeicherung ist auf maximal 700 g begrenzt. Bei extrem fettarmer, kohlenhydratreicher Ernährung wird dem Körper signalisiert, das sein »Überlebensstoff« für schlechte Zeiten (Fett) nicht ausreichend in der Nahrung enthalten ist. Das Bestreben des Organismus geht nun dahin, möglichst viel Fett zu speichern. Ist das Angebot an Fetten reichlich und wird der Insulinspiegel über eine Kohlenhydratreduktion niedrig gehalten, besteht für den Körper physiologisch kein Muss, Fett e nzulagern.

Langfristiges Abnehmen ist anfänglich nicht über die Waage feststellbar. Die Regeneration der Muskulatur (über den Eiweißanteil der Diät) bei abnehmendem Körperfett verhindert vorerst eine Gewichtsreduktion. Entscheidend ist in diesem Zeitraum der Blick in den Spiegel sowie das Anprobieren enger Kleidungsstücke. Erfolge bzw. das Funktionieren der Ernährungsumstellung sind so am besten abschätzbar. Ernährungsumstellungen benötigen für einen langfristigen Erfolg einen Umstellungszeitraum von ca. 4 Wochen.

Die 4 Wochen Umstellung gelten nur für die Ernährungsform, die tatsächlich zum Erfolg führt. Überbrückungsdiäten, Zwischenumstellungen oder falsch gewählte Ernährungsstrategien können diesem Zeitraum nicht angerechnet werden. Wichtig ist diese Feststellung aber nur für ungeduldige Personen.

Ausgeprägte Hautfettfalten trotz täglichen Sporttreibens sind häufig die Ursache eines Übertrainings und eiweißarmer Ernährung. Eiweiß als Muskelregenerator steht dem Körper nicht zur Verfügung, sodass bei Belastung ein Muskelabbau, danach aber keine Regeneration erfolgt. Die Muskulatur wird geradezu »wegtrainiert«. Die Intensität der körperlichen Belastung reicht zudem oft nicht aus, vorhandenes Körperfettgewebe zu verbrennen. Stark hypokalorische kohlenhydratreiche Ernährung und daraus resultierend die Stoffwechsel- und Insulinfalle hemmen den Fettabbau zusätzlich oder können teilweise auch zum Fettgewebezuwachs führen.

6.10 Superkompensation

Grundlagen

Kohlenhydrate stellen die effektivste Energiequelle für intensive körperliche Belastungen dar. Die Leistung des Athleten kann unter Kohlenhydratverbrennung länger aufrecht erhalten werden. Ist der Organismus gezwungen, intensive Belastungen über Fettenergie abzudecken, kann die Leistung auf hohem Niveau nicht durchgehalten werden.

Im Körper werden die Kohlenhydrate als Glykogen in der Muskelzelle gespeichert. Diese Kohlenhydratenergie steht dem Athleten für die intensiven Abschnitte während einer Belastung zur Verfügung. Der ausdauergübte Sportler schont seine Glykogenreserven, d.h. der Organismus stellt Glykogen nur für intensivste Leistungen zur Verfügung. Weniger anstrengende Phasen werden mit Fettenergie abgedeckt. Weniger ausdauertrainierte Sportler und Nichtsportler verbrauchen die Glykogenreserven unabhängig von der Belastungsintensität. Das Leistungsviveau vermindert sich dementsprechend früher.

Da aber selbst unter Fettverbrennung bestimmte Mengen an Glucose für die Aufrechterhaltung des Zitronensäurezyklus benötigt werden, sind die Glykogenspeicher auch bei einem trainierten Organismus nach einer bestimmten Zeit verbraucht. Die gespeicherte Menge an Kohlenhydraten in Muskulatur und Leber ist demnach begrenzt. Dennoch ist diese Glykogenmenge und damit die Energie für intensive Leistungen in einem gewissen Rahmen beeinflussbar. Bei normaler Mischkost werden im Körper ca. 300 g Glykogen gespeichert. Ausdauerleistungen bis zu 1 Stunde können so ohne zusätzliche Kohlenhydratzufuhr bestritten werden. Über verschiedene Maßnahmen ist es möglich, die gespeicherte Glykogenmenge bis auf 700 g zu erhöhen. Ermüdungserscheinungen können so auf bis zu 2 Stunden hinausgezögert werden. Diese Maßnahmen werden unter dem Begriff der Superkompensation der Glykogenspeicher, dem stufenweisen Anheben der Glykogenmenge pro Einheit Muskelfrischmasse, zusammengefasst.

Das Grundprinzip besteht in der Entleerung bzw. dem Verbrauch des gespeicherten Glykogens sowie der Aufladung über Nahrungskohlenhydrate. Die einzelnen Möglichkeiten sollten im Basistraining erprobt und erst dann im Rahmen der Wettkampfvorbereitung genutzt werden.

Variante 1. Eine einfache, aber auch wenig effiziente Form der Superkompensation ist die Aufnahme einer stark kohlenhydratbetonten Mahlzeit am Abend vor dem Wettkampftag. Der Fett- und Eiweißverzehr wird dabei vernachlässigt. Nudelgerichte, Reis, Kartoffeln, vegetarische Pizza, Brot, Brötchen und Honig sind zu bevorzugende Lebensmittel bei dieser »Nudelparty«. Zirka 2,5 g Glykogen/100 g Muskulatur können auf diese Art gespeichert werden. Der Vergleichswert der vollwertigen Mischkost liegt bei 1,5–2 g Glykogen/100 g Muskulatur, in Abhängigkeit vom Kohlenhydratanteil der Diät.

Variante 2. Bei dieser Variante geht der Ladung über kohlenhydratreiche Speisen eine Entleerung durch intensives Belasten der entsprechenden Muskelgruppe(n) voraus. Beachtet werden sollte, dass nur entleerte Muskelspeicher Superkompensationseffekten unterliegen.

Die Ladephase ist in den ersten 10 Stunden nach der Entleerung am intensivsten, kann sich aber durchaus über 2 Tage strecken. Demnach ist es wichtig, genügend Zeit zur Erholung einzuplanen. Über diese Variante können bis zu 3 g Glykogen/100 g Muskulatur gespeichert werden.

Variante 3. Zur intensiven Belastung entsprechender Muskelgruppen kommt eine fett- und eiweißreiche Ernährung über ca. 2 Tage hinzu. Mit dieser Strategie werden die Speicher vollständig entleert. Dem schließen sich 2–4 Tage eines lockeren Trainings und die Umstellung auf eine kohlenhydratreiche Kost an. Bekannt geworden ist diese Variante als »Saltin-Diät«. Die Speicher können bis auf 4 g/100 g Muskelfrischmasse erhöht werden.

Sportlern, die fett- und eiweißreiche Kostformen noch nicht praktiziert haben und deren physiologische Auswirkungen nicht gewöhnt sind, müssen mit Leistungseinbrüchen und Konzentrationsschwäche während der Entleerung der Speicher rechnen. Aus diesem Grund ist diese Form der Superkompensation psychisch anstrengend. Zur Veranschaulichung können Diätbeispiele aus den Kapiteln 6.2 (Fettreiche Diäten) sowie 6.7

(Kohlenhydratreiche Diäten) genutzt werden (Tab. 6.31). Eine extreme Form dieser Variante ist die ketogene Diät nach Di Pasquale (Kap. 6.1).

Variante 4. Diese Variante stellt eine Kompromisslösung zwischen möglichst hohem Glykogenspeichervermögen und leichter Anwendbarkeit dar. Danach wird die Belastungsintensität wenige Tage vor dem Wettkampf zurückgenommen. Gleichzeitig erfolgt die Umstellung auf kohlenhydratreichere Kostformen und/oder Mahlzeiten. Neumann (2000) empfiehlt eine zusätzliche Kohlenhydrataufnahme wenige Stunden vor Wettkampfbeginn, um auch die Leberglykogenspeicher optimal zu füllen. Die Kohlenhydrataufnahme vor der Leistung stellt jedoch für Athleten im Rahmen der Wettkampfernährung eine Standardsupplementierung dar.

Tabelle 6.31: Kostformen zur Entladung und Superkompensation des Muskelglykogens

Entleerung	Aufladung
• Ketogene Diäten	• kohlenhydratreiche Diäten
• Fettreiche Diäten	• vollwertige Mischkost
• Eiweißreiche Diäten	
• + intensive Muskelbelastung	• + lockeres oder kein Training

Der Anwender von Superkompensationsstrategien sollte sich bewusst sein, dass mit der Möglichkeit des Organismus, bei intensiven Leistungen auf Kohlenhydrate zurückzugreifen, die Fettverbrennung hinausgezögert bzw. nicht trainiert wird. Effiziente Fettverbrennung im Sinne einer Fettgewebereduktion setzt erst mit der Verarmung der Glykogenspeicher ein. Der Athlet, der bestrebt ist, Körperfettgewebe abzubauen, sollte (in Abhängigkeit von Lactatbildung und Herzfrequenz) von einer Superkompensation absehen. Bei 600 – 700 g Gesamtglykogen setzt die intensive Fettverbrennung erst nach 2 Stunden ein. Der Vorteil der Kohlenhydrate für die Wettkampfleistung kann sich für eine schnelle und intensive Körperfettreduktion nachteilig auswirken.

Neben den Kohlenhydraten sind Vitamin B_1 (Kohlenhydratstoffwechsel) sowie Kalium und Wasser (Einlagerung mit dem Glykogen in die Zelle) für eine erfolgreiche Superkompensation notwendig. Durch die Wassereinlagerung kann das Körpergewicht in Abhängigkeit von der Muskelmasse um ca. 2 kg ansteigen. Dieses zusätzliche Gewicht kann unter Umständen einen leistungsbeeinflussenden Faktor darstellen. Bei Belastungen unter 1 Stunde wird die Superkompensation als nicht notwendig erachtet, da durchschnittlich gefüllte Glykogenspeicher (300 g Gesamtmenge) zur Leistungserbringung ausreichend sind.

Der Einfluss der Glykogenspeicher auf die Leistung ist primär eine Problematik des Ausdauersports. Dennoch soll auch im Kraftsport von gefüllten Glykogenspeichern profitiert werden können, da die Regeneration von Kreatinphosphat und Adenosintriphosphat beschleunigt werden soll. Ein praktischer Nutzen dafür ist aber nicht bekannt (Mitchell et al. 1997).

Supplemente

Zur Anregung des Stoffwechsels im Bezug auf eine verbesserte Glykogenspeicherung und verstärkte Insulinsensibilität werden folgende Ergänzungen verwendet: Ornithin-α-Ketoglutarat, Glutamin, Vandylsulfat, Metformin (Medikament!), Octacosanol, α-Liponsäure, BCAA/Laktalbumin, Glucose, Maltodextrin.

Ivy (2001) beschreibt die Supplementierung mit 1,2 – 1,5 g Kohlenhydraten/kg Körpergewicht in 30-min-Intervallen als geeignete Strategie zur Maximierung der Glykogenresynthese für einen Zeitraum von 4 – 5 Stunden nach der Belastung.

6.11 Gewichtmachen, Gewichtsreduktion und Superkompensation

Grundlagen

Teilweise ist es nötig, Körpergewicht zu reduzieren, in der Wettkampfleistung jedoch von gefüllten Glykogenspeichern abhängig zu sein. Gewichtmachen bzw. ein Reduzieren von Körperfett beginnt mit dem Abbau der Glykogenspeicher. Sind diese verbraucht, beginnt der Körperfettabbau. Gerade Sportler, die nicht ausdauertrainiert sind, leiden in dieser Phase an Kraftlosigkeit. Mit der Glykogenverarmung und der Energiereduktion der Diät setzt der Abbau der Muskulatur ein. Die fehlende

Kohlenhydratenergie wird nun über die Gluconeogenese aus Aminosäuren (der Muskel) ausgeglichen. Bei einer energiereduzierten Mischkost kann der Anteil abgebauter Muskulatur bis zu 40% betragen.

Die üblichen Formen des Gewichtmachens bringen folgende Probleme mit sich: Leistungseinbußen, Kraftlosigkeit, vermindertes Reaktionsvermögen, Konzentrationsschwächen. Ausgelöst werden diese Probleme durch:
- Muskelabbau
- Glykogenverarmung
- Störung der Reizleitung

Gründe dafür sind:
- mangelnde Eiweißzufuhr
- starke Wasserverluste durch Schwitzen und verminderte Flüssigkeitsaufnahme
- Ausspülung von Elektrolyten
- stark energiereduzierte Diäten
- Gewichtmachen innerhalb weniger Tage

Sportler gewichtsklassenabhängiger Sportarten sind am häufigsten von diesen Problemen betroffen. Neben einer Gewichtsreduktion müssen nach dem Wiegen innerhalb kürzester Zeit Wasser und Nährstoffe in die Muskulatur gelangen. Teilweise bleibt nur noch die Infusion glucose- und elektrolythaltiger Lösungen.

Ein Glykogenverlust der Muskulatur wird sich während der Gewichtsreduktion nicht vermeiden lassen, die Menge abgebauter Muskelmasse aber schon. Die Technik des Gewichtmachens muss dabei so verändert werden, dass eine Reduktion des Körpergewichtes nicht primär durch Wasserverlust herbeigeführt wird. Zu beachtende Maßnahmen sind:
- Testen einer geeigneten Strategie in der Basisernährung (Art der Diät, Supplemente)
- langfristiger Fettabbau (4 – 8 Wochen)
- eiweißreiche bzw. eiweißbetonte Diäten bevorzugen, Flüssigkeitsaufnahme nicht reduzieren
- Vitamin- und Mineralstoffversorgung sichern, notfalls mit Präparaten
- sportliche Aktivität nicht einstellen, eventuell im Ausdauerbereich intensivieren
- auf ausreichende Regeneration (8 Stunden Schlaf) achten

Alleine eine eiweißreiche Diätführung in Verbindung mit körperlicher Bewegung (Muskelreiz) verhindert schon größere Muskelverluste.

Möchte der Athlet seine Glykogenspeicher füllen, sollte er beachten, dass mit einem Gewichtsanstieg je nach Masse der Gesamtmuskulatur bis zu 2 kg gerechnet werden muss. Demnach ist es nötig, dass Körpergewicht weiter als üblich zu reduzieren, um diese 2 kg abzufangen. Für Athleten, die 2–3 kg über dem Wettkampfgewicht liegen, dürfte eine Reduktion von 4–5 kg kein Problem darstellen. Prinzipiell müssen dabei zwei Phasen durchlaufen werden: erst die Gewichtsreduktion, dann die Superkompensation (Abb. 6.10).

Abbildung 6.10: Gewichtmachen und Superkompensation.

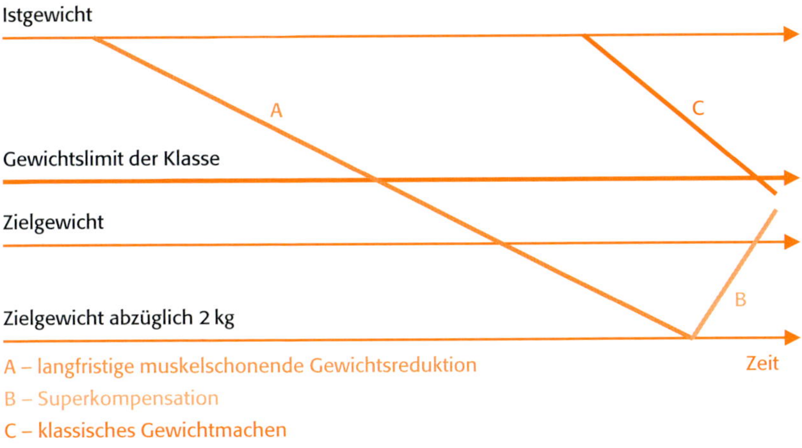

Sollte das Zielgewicht kurze Zeit vor dem Wettkampf nicht erreicht sein, kann eine Entwässerung hilfreich sein. Ein Wasserverlust von 2 % des Körpergewichtes stellt im Bezug auf die Leistung offensichtlich kein Problem dar. Körperwasserreduktionen von mehr als 2–3 % gehen messbar zu Lasten von Kraft und Kondition. Ein 100 kg schwerer Athlet kann danach 2 l Wasser, ein 50 kg schwerer 1 l Wasser »abschwitzen«. Der Rest der abgebauten Körpermasse sollte aus Fett bestehen. Bei Sportlern, die kein bestimmtes Gewicht erreichen müssen, gestaltet sich die Strategie von Gewichtsreduktion und nachfolgender Superkompensation entsprechend einfacher. Hier gilt nur der Hinweis, dass Fettabbau und Glykogenspeicherfüllung zum gleichen Zeitpunkt nicht möglich sind.

Kampfsport

Im Kampfsport gibt es keinen homogenen Stoffwechseltyp, dem eine bestimmte Form der Ernährung zuordenbar ist. Vielmehr sind alle Stoffwechseltypen (endo-, meso- und ektomorpher Typ) vorhanden. Ekto-mesomorphe Typen werden aber vorrangig in niedrigeren Gewichtsklassen kämpfen als endomorphe Typen. Je nachdem, ob in der obersten Gewichtsklasse Masse aufgebaut oder in leichteren Gewichtsklassen auf das Körpergewicht geachtet werden muss, sind auch die Ernährungsstrategien verschieden. Für den Masseaufbau empfiehlt es sich, dass entsprechende Kapitel im Buch durchzuarbeiten.

Kernstück des Kampfsportes ist das »Gewichtmachen«. Probleme und Möglichkeiten sind im Abschnitt »Grundlagen« geschildert. Unabhängig davon, welche Strategie zur Reduktion des Körperfettes eingesetzt wird, darf der Eiweißgehalt nicht vernachlässigt werden, um muskelkatabole Prozesse zu minimieren. Bei einem Einsatz von Kreatin sollte außerdem beachtet werden, dass Wasser in die Muskulatur eingelagert wird und sich dadurch das Körpergewicht erhöht. Athleten, die entwässern, sollten Kreatin absetzen, da gesundheitliche Gefährdungen möglich sind. Der Einsatz von Kreatin ist strategisch am sinnvollsten bei Sportlern, die ihr Gewicht für den Wettkampf nicht reduzieren müssen. Gleiches gilt für die Superkompensation des Muskelglykogens.

Wie in vorangegangenen Kapiteln erwähnt, kann einer Stoffwechselverlangsamung während energiereduzierter Diäten mit Hilfe von Schaukeldiäten, Sojaeiweiß, Pyruvat und Guggulsteron vorgebeugt werden.
Die Supplementierung mit Hydroxyzitronensäure soll außerdem den Zuckerhunger eindämmen bzw. die Konvertierung von Zucker zu Fett in der Leber verhindern. Wie und ob der Supplementeinsatz Vorteile bewirken kann, ist individuell verschieden – so auch die möglichen Nebenwirkungen. Bei starker Energiereduktion empfiehlt sich zusätzlich der Einsatz von Vitamin- und Mineralstoffpräparaten.

Nach dem Wiegen eignen sich zur schnellen Nährstoff- und Elektrolytversorgung isotonische Lösungen (6 %ig) aus Mineralstoffen und konzentrierten Kohlenhydraten. Verteilen sich die Kämpfe über mehrere Stunden, muss auf die insulinogene und damit ermüdende Eigenschaften von Traubenzucker geachtet werden. Für diesen Fall sind Gemische aus Fructose und Malto-Dextrin (jeweils 30 g/l Wasser) geeigneter. Findet nur ein Kampf am Tag statt bzw. steht der Athlet vor dem letzten Kampf, können Traubenzuckerlösungen und Cola verwendet werden. Cola ist koffeinhaltig, d.h. bestimmte Mengen (Doping!) dürfen nicht überschritten werden. Damit geringere Mengen trotzdem anregend wirken, ist der Konsum von Cola, schwarzem und grünem Tee, Guarana sowie Kaffee vor der Wettkampfzeit zu minimieren und der Körper zu entwöhnen.

Zuckerlösungen werden in 200-ml-Portionen alle 15 min zugeführt.
Bei einem Einsatz von Kuchen nach dem Wiegen sollte nur fettarmer Trockenkuchen aus hellem Mehl Verwendung finden. Möglich sind auch Weißbrot mit Marmelade oder ähnlich kombinierte Lebensmittel. Für Wettkampftage mit mehreren Kämpfen und unterschiedlich langen Pausen muss das Pausenregime beachtet werden.

Soll nach dem Gewichtmachen eine Superkompensation folgen, ist eine Gewichtsreduktion von mindestens 2 kg unter das Wettkampfgewicht 2 Tage vor dem Wiegen nötig. Diese Strategie ist daher für Sportler geeignet, die nicht mehr als 2–3 kg über ihrem Wettkampfgewicht liegen.
Im Allgemeinen wird der Energiegehalt von 6%igen Kohlenhydratlösungen für den Kampf ausreichend sein. Die Superkompensation bezieht sich dann nur auf den Vorteil einer optimal vorbereiteten Muskulatur.

6.12 Integrierte Ansätze

Neben der Anwendung einzelner Strategien bzw. Ernährungsformen ist es möglich, verschiedene Ansätze miteinander zu kombinieren. In welcher Weise diese Integration erfolgt, richtet sich nach den Zielen und den persönlichen Vorlieben des Athleten. So kann z.B. ein Sportler, der über eine ketogene Diät gute Erfolge erzielt, diese aber aus verschiedensten Gründen nicht durchhält, integrierte Ansätze wählen, die psychisch weniger anstrengend sind, jedoch ähnliche Effekte bewirken.

Eine Möglichkeit für diesen Fall stellt das Kombinieren einer fettreichen Diät, einer eiweißreichen Diät und einer Fett-Kohlenhydrat-Trennkost dar.

Dabei sollen, wie in Tabelle 6.32 dargestellt, verschiedene Vorteile der einzelnen Ernährungsformen genutzt werden.

Tabelle 6.32: Vorteile einzelner Strategien für die Kombination

Fettreiche Diät	niedrige Insulinausschüttung, Hemmung fetteinlagernder Enzyme, Aktivierung fettfreisetzender Enzyme, verbesserte Testosteronwirkung
Eiweißreiche Diät	ausreichende Eiweißversorgung für Muskelregeneration, Muskelaufbau und Sättigung, Bildung längerer Zeiträume für Fettverbrennung
Fett-Kohlenhydrat-Trennkost	Verhinderung der Fetteinlagerung ins Fettgewebe, Förderung der Glucose- und Aminosäureversorgung der Muskulatur, größtmögliche Lebensmittelauswahl

Die Umsetzung dieser Kombination könnte erfolgen wie in der bilanzierten Beispieldiät dargestellt (Tab. 6.33).

Tabelle 6.33: Beispieldiät: 3000 kcal, davon 51 % Fett 172 g, 23 % Kohlenhydrate 167 g, 26 % Eiweiß 191 g, Ballaststoffe 41 g

1. Frühstück	8 Esslöffel Müsli 120 g, 1 Glas entrahmte Milch 200 g, 1 Apfel, grüner Tee	Am Vormittag werden Kohlenhydrate und Eiweiß kombiniert. Die Fettaufnahme wird minimiert.
2. Frühstück	1 Vollkornbrötchen 60 g, Putenaufschnitt 50 g, Salatblatt als Butterersatz, Mineralwasser, 1 Apfelsine	Konzentration und Ausdauerleistung fallen leichter.
Zwischenmahlzeit	Eiweißdrink (30 g Pulver in Wasser)	Eine reine Eiweißmahlzeit wirkt sättigend und verhindert die Überschneidung von hohen Insulin- und Fettspiegeln im Blut.

Mittag	2 Mozarella 250 g, 3 Tomaten, 2 Esslöffel Olivenöl 24 g, Mineralwasser oder Tee	Bei der Umstellung auf die Kombination Fett und Eiweiß werden die Kohlenhydrate reduziert und der Insulinspiegel abgesenkt.
Nachmittag	**Nüsse 100 g, 1 Möhre, 1 Kohlrabi, Mineralwasser**	
Abend	Bratfisch 300 g, 1 Portion Rohkostsalat 150 g, 1 Esslöffel Olivenöl 12 g, 1 Esslöffel Leinöl 12 g, Zitrone, Gewürze, Kräutertee	Die Kohlenhydratreduktion bleibt über Nachmittag und Abend bestehen. Der Körper geht schneller zur Fettverbrennung über, die in der Nacht aufrechterhalten wird.

Hinter vielen Ernährungsstrategien stehen theoretische Vermutungen über das Wirkprinzip. Die körperlichen Reaktionen der Personen auf eine bestimmte Strategien sind, wie zu erwarten, unterschiedlich. Dennoch stehen alternative Varianten zur klassischen Sport- und Leistungsernährung zur Verfügung, die anhand wiederholter Fallbeispiele auf die Wirkung hin getestet wurden. Athleten, die mit einer »optimalen« Ernährung eher Probleme als Fortschritte verzeichnen, haben damit die Möglichkeit, andere Wege zu testen. Selbst wenn nur Plazeboeffekte zur Leistungssteigerung oder zu veränderter Körperzusammensetzung führen, ist ein Ziel erreicht.

Die getrennte Aufzählung der einzelnen Strategien dient einer vereinfachten theoretischen Darstellung. Der aufmerksame Leser kann feststellen, dass die Wirkmechanismen verschiedener Kostformen der Leistungsernährung ineinander greifen. In der Praxis sollten mehrere solcher Ernährungsstrategien kombiniert werden, die im Bezug auf das Ziel synergistische Wirkungsgefüge erkennen lassen. Aus diesen integrierten Ansätzen lassen sich teilweise sogar neue Strategien ableiten. Zur vereinfachten Anwendung kann das Finden einer dem persönlichen Stoffwechseltyp entsprechenden Basiskostform dienlich sein, die dann an alle weiteren Gegebenheiten angepasst bzw. modifiziert wird.

Interessierte und konsequente Nutzer der Leistungsstrategien konnten ausschließlich positive Erfahrungen sammeln.

Der Autor nutzt für die Basisernährung eine isokalorische fett-eiweißreiche Diät mit positiver Stickstoffbilanz und einem Kohlenhydratanteil von ca. 20 % täglich. Die Verbesserung der kurzfristigen Leistung erfolgt vor dem Training (30 min) durch den Verzehr von Schokolade. Die fett-eiweißreiche Basisernährung wird nach 5 Tagen ähnlich der Strategie ketogener Diäten mit einer 2-tägigen Ladephase (Superkompensation) unterbrochen. Im Bezug auf Körperzusammensetzung, Leistungsentwicklung und das Wohlbefinden konnten nur positive Erfahrungen gemacht werden.

Literatur

Agus MSD, Swain JF, Larson CL, Eckert EA, Ludwig DS. Dietary composition and physiologic adaptations to energy restriction.
Am J Clin Nutr 2000; 71: 901–7

Al-Mudallal AS, LaManna JC, Lust WD, Harik SI. Diet-induced ketosis does not cause cerebral acidosis.
Epilepsia 1996; 37: 258–61

Arndt K. Die ketogene anabole Diät – Ketogene Ernährung für Bodybuilder.
Arnsberg: Novagenics Verlag 1998

Arndt K. Handbuch Nahrungsergänzungen.
Arnsberg: Novagenics Verlag, 1999

Atkins RC. Dr. Atkins diet revolution.
New York: Bantam Books 1972

Atkins RC. Dr. Atkins new diet revolution.
New York: Avon Books 1992

Balasse EO, Fery F. Ketone body production and disposal: Effects of fasting, diabetes and exercise.
Diabetes Metab Rev 1989; 5: 247–70

Balon TW, Horowitz JF, Fitzsimmons KM. Effects of carbohydrate loading and weightlifting on muscle girth.
Int J Sport-Nutr 1997; 2: 328–34

Barreto R, Naito Y, Marotta F, Safran P, Mondazzi L, Kato Y, Ideo G. High fat diet-induced immunodysfunction: Enhancement of host resistance to microbial infections by Microflorana-F, a novel probiotic preparation.
Int Med J 2000; 7: 37–42

Bartels R. Weight training. How to lift and eat for strength and power.
Physician Sportsmed 1992; 20: 223–34

Berardi JM et al. Effects of ribose supplementation on repeated sprint performance: a pilot study.
Med Sci Sports Exercise 2000; 560: 132

Bergstrom J, Hermansen L, Hultman E, Saltin B. Diet, muscle glycogen and physical performance.
Acta Physiol Scand 1967; 71: 140–50

Bergstrom J, Hultman E. Muscle glycogen synthesis after exercise: an enhancing factor localized to the muscle cells in man.
Nature 1966; 210: 309–10

Birt F, Copenhaver J, Barnett T. High fat diet blocked the inhibition of epidermal protein kinase C (PKC) by moderate energy restriction in mice.
FASEB J 1995; 9: 869, A5040

Blom T et al. The effects of different post exercise sugar diets on the rate of muscle glycogen resynthesis.
Med Sci Sports Exec 1987; 19: 491–6

Boirie Y et al. Slow and fast dietary proteins differently modulate postprandial protein accretion.
Proc Natl Acad Sci 1997; 26: 14930–5

Brouns F. Der Einfluß von Kohlenhydraten und Flüssigkeit auf die Leistungsfähigkeit von Mannschaftssportlern.
Leistungssport 1987; 5: 5–10

Brown R. Chromium deficiency after long-term total parenteral nutrition.
Dig Dis Sci 1986; 31: 661–4

Brown RC, Cox CM, Goulding A. High-carbohydrate versus high-fat diets: Effects on body composition in trained cyclists.
Med Sci Sports Exerc 2000; 32: 690–4

Bryner RW, Ullrich IH, Sauers J et al. Effects of resistance vs. aerobic training combined with an 800 caloric liquied diet on lean body mass and resting metabolic rate.
J Am Coll Nutr 1999; 18: 115–21

Burke L. Sports nutrition: carbohydrate intake targets for athletes: grams or percent? http://www.sportsci.org (Juli 2002)

Campbell WW et al. Effects of an omnivorous diet compared with a lacto-ovo vegetarian diet on resistance training induced changes in body composition and skeletal muscle in older men.
Am J Clin Nutr 1999; 70: 1032–9

Carroll J, Koenigsberger D. The ketogenic diet: a practical guide for caregivers.
J Am Diet Assoc 1998; 98: 316–21

Cha MC, Jones PJ. Dietary fat type and energy restriction interactively influence plasma leptin concentration in rats.
J Lipid Res 1998; 39: 1655–60

Cooney M, Haymes EM, Lucariello G. The effects of a low carbohydrate-ketogenic diet in trained females.
Med Sci Sports Exerc 1983; 15: 129, A7594

Couet C, Delarue P, Antoine JM, Lamisse F. Effect of dietary fish oil on body mass and basal fat oxidation in healthy adults.
Int J Obes 1997; 21: 637–43

Coyle EF. Substrate utilisation during exercise in active people.
Am J Clin Nutr 1995; 61: 9685–95

Daily JW, Cha YS. Macronutrient intake and obesity.
J Food Sci Nutr 2000; 5: 58–64

De Larue J, Couet C, Cohen R, Brechot JF, Antoine JM, Lamisse F. Effects of fish oil on metabolic responses to oral fructose and glucose loads in healthy humans.
Am J Physiol 1996; 270: 353–62

Demling RH, DeSanti L. Effect of a hypocaloric diet, increased protein intake and resistance training on lean mass gains and fat mass loss in overweight police officers.
Annals of Nutr and Metab 2000; 44: 21–9

Deutsche Gesellschaft für Ernährung (DGE). 7. Ernährungsbericht.
Frankfurt: Deutsche Gesellschaft für Ernährung e.V. 1992

Deutsche Gesellschaft für Ernährung (DGE). 8. Ernährungsbericht.
Frankfurt: Deutsche Gesellschaft für Ernährung e.V. 1996

Deutsche Gesellschaft für Ernährung (DGE). 9. Ernährungsbericht.
Frankfurt: Deutsche Gesellschaft für Ernährung e.V. 2000a

Deutsche Gesellschaft für Ernährung (DGE). Referenzwerte für die Nährstoffzufuhr. 1.Aufl.
Frankfurt: Umschau/Braus 2000b

De Vivo DC, Leckie MP, Ferrendelli JA. Chronic ketosis and cerebral metabolism.
Pedriatr Res 1967; 11: 561

Dickhuth R. Kohlenhydrate und körperliche Leistungsfähigkeit. Sport und Gesundheit: 7. Sportmedizinisches Seminar »Sportgerechte Ernährung«. Tübingen,
Stuttgart: Würtemberg. Landessportbund 1983; 37–42

Di Pasquale MG. The metabolic diet. Boca Raton: CRC Press 1995
Duchaine D. Bodyopus – weight loss & recomposition.
Carson City, NV: XIPE Press 1996

Diuric D., Wisotzki R., Mitrovic V. Die Rolle von Homocystein bei Arthero-sklerose - Ist Homocystein ein neuer kardiovaskulärer Risikofaktor? Herz Kreislauf 1999; 12

Eades MR. Protein power.
New York: Bantam Books 1996

Elia M, Wood S, Khan K, Pullicino E. Ketone body metabolism in lean male adults during shortterm starvation, with particular reference to forearm muscle metabolism.
J Clin Sci 1990; 78: 579–84.

Elliot B, Roeser HP, Warrell A, Linton I, Gaffney T. Effect of a high energy, low carbohydrate diet on serum levels of lipids and lipoproteins.
Med J Aust 1981; 5: 237–40

Feuer L et al. Anabolic weight-gain promoting compositions containing isoflavone derivates and method using the same.
United States Patent 3949085, April 6, 1976

Feuer L et al. Metabolic 5-methyl-isoflavone-derivatives: process for the preparation thereof and compositions containing the same.
United States Patent 4163746, August 7, 1979

Fong Lin B, Jeng SJ, Chiang BL, Huang CC. Dietary fat influences Ia antigen expression, cytokines and prostaglandin E2 production of immune cells in autoimmune-prone NZB x NZW F1 mice.
Brit J Nutr 1996; 75: 711–22

Fong Lin B, Jeng SJ, Chiang BL, Huang CC. Dietary fat affects lipids and anti-cardiolipin antibody levels in autoimmune-prone NZB/W F1 mice.
Brit J Nutr 1997; 77: 657–69

Fraser DA, Thoen J, Djoseland O, Forre O, Kjeldsen-Kragh J. Reduction in serum leptin and IGF-1 but preserved T-lymphocyte numbers and activation after a ketogenic diet in rheumatoid arthritis patients.
Clin Exp Rheumatol 2000 a; 18: 209–14

Fraser DA, Thoen J, Djoseland O, Forre O, Kjeldsen-Kragh J. Serum levels of interleukin-6 and dehydroepiandrosterone sulphate in response to either fasting or a ketogenic diet in rheumatoid arthritis patients.
Clin Exp Rheumatol 2000 b; 18: 357–62

Gleeson M, Lancaster GI, Bishop NC. Nutritional strategies to minimise exercise-induced immunosuppression in athletes.
Can J Appl Physiol 2001; 26: 23–35

Gresser U. Uric acid levels in Southern Germany 1989. A comparison with studies from 1962, 1971 and 1984.
Klin Wschr 1990; 68: 1222–8

Haymes EM, Cooney MM, Konopka BJ, Riggs EC. The effects of a low carbohydrate-ketogenic diet in trained females.
Med Sci Sports Exerc 1985; 17: 201

Hermus RJ. Nutrition and artherosklerosis.
Ned Tijdschr Geneeskd 1979; 123: 1735–9

Hryniewiecki L, Hasik J, Linke K. Nutrition and development of gastric cancer.
Mater Med Pol 1990; 22: 108–11

Ivy L. Glycogen resynthesis after exercise: effect of carbohydrate intake.
Int J Sports Med 1999;19: 142–5

Ivy L. Dietary strategies to promote glycogen synthesis after exercise.
Can J Appl Physiol 2001; 26: 236–45

Jentsch W, Derno M. Vergleich der Energieansatzwerte von Kohlenhydraten und Fetten.
Ernährungs-Umschau 2002; 49: 336–9

Katan MB, Zock PL, Mensink RP. Effects of fats and fatty acids on blood lipids in humans: an overview.
Am J Clin Nutr. 1994; 60: 1017–22

Kekwick A, Pawan GLS. Metabolic study in human obesity with isocaloric diets high in fat, protein or carbohydrate.
Metabolism 1957; 6: 447–60

Keul J. Kohlenhydrate zur Leistungsbeeinflussung in der Sportmedizin.
Nutr Metabol 1975; 18: 157–70

King TM, Veech RL. Feeding a high fat ketogenic diet reduces mitochondrial Q/QH2 in brain while pure ketonesoxidize Q/Q2 in heart.
FASEB J 1998; 12: 379, A1375

Koeslag J. H. Post-exercise ketosis and the hormon response to exercise: a review.
Med Sci Sports Exerc 1982; 14: 327–34

Langfort J, Pilis W, Zarzeczny R, Nazar K, Kaciuba-Uscilko H. Effect of low-carbohydrate-ketogenic diet on metabolic and hormonal responses to graded exercise in men.
J Physiol Pharmacol 1996; 47: 361–71

Lemon P. Protein and amino acid needs of the strength athlete.
Int J Sport Nutr 1991; 1: 127–45

Lemon RP, Mullin JP. Effect of initial muscle glycogen level on protein catabolism during exercise.
J Appl Physiol 1980; 48: 624–9

Lemon RP, Proctor D. Protein intake and atheletic performance.
Sports Med 1991; 12: 313–5

Lemon RP, Tarnopolsky MA, Mac Dougall JD, Atkinson SA. Protein requirements and muscle mass / strength changes during intensive training in novice bodybuilders.
J Appl Physiol 1992; 73: 767–75

Levin L, Evans WS, Cadarelle BS, Fisher EC, Bullen DA. Fructose and glucose ingestion and muscle glycogen use during submaximal exercise.
J Appl Physiol 1983; 55: 1767–71

Levy JA, Ibrahim AB, Shirai T, Ohta K, Nagasawa R, Yoshida H, Estes J, Gardner M. Dietary fat affects immune response, production of antiviral factors, and immune complex disease in NZB/NZW mice.
Proc Natl Acad Sci 1982; 79: 1974–8

Magrath G, MacDonald A, Whitehouse W. Dietary practices and use of the ketogenic diet in the UK.
Seizure 2000; 9: 128–30

Markaverich BM, Roberts RR, Alejandro MA, Johnson GA, Middleditch BS, Clark JH. Bioflavonoid interaction with rat uterine typ 2 binding sites and cell growth inhibition.
J Steroid Biochem 1988, 30: 71–8

Messina M, Messina V. Increasing use of soyfood and their potential role in cancer prevention.
J Am Diet Assoc 1991; 91: 836–40

Mitchell JB, DiLauro PC, Pizza FX, Cavender DL. The effect of pre-exercise carbohydrate status on resistance exercise carbohydrate status on resistance exercise performance.
Int J of Sports-Nutr 1997; 7: 185–96

Moller N, Jorgensen JO, Moller J, Orskov L, Ovesen P, Schmitz O, Christiansen JS, Orskov H. Metabolic effects of growth hormone in humans.
Metabolism 1995; 44: 33–66

Morrow W, Ohashi Y, Hall J, Pribnow J, Hirose S, Shirai T, Levy JA. Antibody responses, lymphocyte and accessory cell function in (NZB x NZW)F1 mice.
J Immunol 1985; 135: 3857–63

Nebeling LC, Lerner E. Implementing a ketogenic diet based on medium-chain triglyceride oil in pediatric patients with cancer.
J Am Diet Assoc 1995; 95: 693–7

Nelson GJ, Schmidt PC, Kelley DS. Low-fat diets do not lower plasma cholesterol levels in healthy men compared to high-fat diets with similar fatty acid composition at constant caloric intake.
Lipids 1995; 30: 969–76

Neumann G. Ernährung im Sport. 3. Aufl.
Aachen: Meyer und Meyer Verlag 2000

Nöcker J. Die Ernährung des Sportlers: Fit und gesund durch leitstungsspezifische Ernährung.
Schorndorf: Hofmann-Verlag 1987

Pape D, Schwarz R, Gillessen H. Gesund Vital Schlank – Fettverbrennung, der Königsweg zur dauerhaften Fitness; raus aus der Insulinfalle.
Köln: Dtsch Ärzteverlag 2001

Pelleymounter MA, Cullen MJ, Baker MB, Hecht R, Winters D, Boone T, Collins F. Effects of the obese gene product on body weight regulation in ob/ob mice.
Science 1995; 269: 540–3

Pelt JM. Pflanzenmedizin – Heilkraft aus der Natur.
Düsseldorf: Econ 1983

Phinney SD, Bistrian BR, Evans WJ, Gervino E, Blackburn GL. The human metabolic response to chronic ketosis without caloric restriction: Preservation of submaximal exercise capability with reduced carbohydrate oxidation.
Metabolism 1983 a; 32: 769–76

Phinney SD, Bistrian BR, Wolfe RR, Blackburn GL. The human metabolic response to chronic ketosis without caloric restriction: Physical and biochemical adaptation.
Metabolism 1983 b; 32: 757–68

Phinney SD, Horton ES, Sims EA, Hanson JS, Danforth E, LaGrange B. Capacity for moderate exercise in obese subjects after adaptation to a hypocaloric, ketogenic diet.
J Cli. Invest 1980; 66: 1152–61

Rauch E. Die Darm-Reinigung nach Dr. med. F. X. Mayr. 38. Aufl.
Heidelberg: Haug Verlag 1990

Reddy BS, Burill C, Rigotty J. Effects of diets high in omega-3 and omega-6 fatty acids on initiation and postinitiation stages of colon carcinogenesis.
Cancer Res 1991; 51: 487–91

Saltin B, Karlsson J. Diet, muscle glycogen, and endurance performance.
J Appl Physiol. 1971; 31: 203–6

Schöttl W. Der Säure-Basen-Haushalt und die Zahnheilkunde.
Sanum Post 1989; 7

Schwartzkroin PA. Mechanisms underlying the anti-epileptic efficacy of the ketogenic diet.
Epilepsy Res 1999; 37: 171–80

Sears B. The zone, a dietary roadmap.
New York: Harper Collins Publishers Inc. 1995

Segal B, Segal R. Cancerogenesis risk food factors.
Sante Publique (Bucur) 1985; 28: 143–58

Shavila J, Ioannides C, King LJ, Parke DV. Effects of high fat diet on liver microsomal oxygenations in ferret.
Xenobiotica 1994; 24: 1063–76

Siebert G. Nutrition and cancer. A meeting report.
Z Ernährungswiss 1981; 20: 233–46

Skov AR, Toubro S, Ronn B, Holm L, Astrup A. Randomized trial on protein vs carbohydrate in ad libitum fat reduced diet for the treatment of obesity.
Int J Obes 1999; 23: 528–33

Stegmann H, Kindermann W, Schnabel A. Lactate kinetics and individual anaerobic threshold.
Int J Sports Med 1981; 2: 160–5

Spiller GA. Suggestions for a basis on which to determinate a desirable intake of dietary fiber. CRC handbook of dietary fiber in human nutrition.
Boca Raton, Ann Arbor, London: CRC Press 1993

Takii H, Ishihara K, Kometani T, Okada S, Fushiki T. Enhancement of swimming endurance in mice by highly branched cyclic dextrin.
Biosci Biotechnol Biochem 1999; 63: 2045–52

Tallian KB, Nahata MC, Tsao CY. Role of a ketogenic diet in children with intractable seizures.
Ann Pharmacother 1998; 32: 349–61

Tarnopolsky MA, Parise G, Yardley NJ, Ballantyne CS, Olatinji S, Phillips SM. Creatine-dextrose and protein-dextrose induce similar stength gains during training.
Med Sci Sports Exerc 2001; 33: 2044–52

Taubes G. The Soft ccience of dietary fat.
Science 2001; 291: 2536–45

Thompson LV. Potential health benefits and problems associated with anti nutrients in foods.
Food Res Internat 1993; 26: 131–49

Vining EP. Clinical efficacy of the ketogenic diet.
Epilepsy Res 1999; 37: 181–90

Volek JS, Gomez AL, Kraemer WJ. Fasting lipoprotein and postprandial triaglycerol reseponses to a low-carbohydrate diet supplemented with n-3 fatty acids.
J Am Coll Nutr. 2000; 19: 383–91

Waerland A. Die Übersäuerung als Grundursache aller Krankheiten.
Hamburg: Waerland Verlag 1951

Wang J, Han Z. K. Effects of daidzein on muscle growth and some endogeneous hormone levels in rats.
Am J Clin Nutr 1998; 68: 1539

Watson RR, Petro TM. Resistance to bacterial and parasitic infections in the nutritionally compromised host.
CRC Crit Rev Microbiol 1984; 10: 297–315

Watzl B, Leitzmann C. Bioaktive Substanzen in Lebensmitteln.
Stuttgart: Hippokrates Verlag 1999

Whittaker RM, Feeny PP. Allelochemics: Chemical interactions between species.
Science 1971; 171: 757–70

Willett WC, Stampfer MJ, Colditz GA, Rosner BA, Speizer FE. Relation of meat, fat and fiber intake to the risk of colon cancer in a prospective study among woman.
New Engl J Med 1990; 323: 1664–72

Willi SM, Oexmann MJ, Wright NM, Collop NA, Key LL Jr. et al. The effects of a high protein, low fat, ketogenic diet on adolescents with morbid obesity: Body composition, blood chemistries and sleep abnormalities.
Paedriatrics 1998; 101: 61–7

Williams MH. Nutrition for fitness and sport.
Madison: Brown & Benchmark Publishers 1995

Wing RR. Cognitive effects of ketogenic weight-reducing diets.
Int J Obesity 1995; 19: 811

Withrow CD. The ketogenic diet: mechanism of anticonvulsant action.
Adv Neurol 1980; 27: 635–42

Wojcicki J, Dutkiewicz T, Gieldanowski J, Samochowiec L, Barcew-Wiszniewska B, Rozewicka L, Wira D, Wesolowska T, Torbus-Lisiecka B, Gonet B, Juzwiak S, Kadlubovska D. Essential phospholipids modify immunological functions and reduce experimental atherosclerosis in rabbits.
Artherosclerosis 1992; 93: 7–16

Wolfe BMJ, Piche LA. Replacement of carbohydrate by protein in a conventional fat diet reduces cholesterol and triglyceride concentrations in healthy normolipidemic subjects.
Clin Invest Med 1999; 22: 140–8

Worlitschek M. Der Säure-Basen-Haushalt. Gesund durch Ernährung.
Heidelberg: Karl F. Haug Verlag 1995

Yamamoto T et al. Soy protein and its hydrolysate reduce bodyfat of dietary obese rats.
Am J Clin Nutr 1998; 68: 1540

Zawadski B et al. Carbohydrate-protein complex increases the rate of muscle glycogen storage after exercise.
J Appl Physiol1992; 72: 1854–9

Zock PL. Linoleic acid intake and cancer risk: a review and meta-analysis.
Am J Clin Nutr 1998; 68: 142–53